BEM-VINDO, VOLTE SEMPRE

Dados Internacionais de Catalogação na Publicação (CIP)
(Jeane Passos de Souza – CRB 8ª/6189)

Guimaraens, Domingos
 Bem-vindo, volte sempre / Domingos Guimaraens, Sara Mauricio. -- São Paulo : Editora Senac São Paulo, 2018.

 Bibliografia.
 ISBN 978-85-396-1157-7 (impresso/2018)
 e-ISBN 978-85-396-1158-4 (ePub/2018)
 e-ISBN 978-85-396-2232-0 (PDF/2018)

 1. Turismo   2. Atividade turística   3. Mercado de trabalho : Profissional de serviços em hospitalidade   4. Gestão da qualidade   5. Gestão de serviços   6. Prestação de serviços   7. Atendimento ao cliente   8. Relacionamento com o cliente   I. Título.

18-727s   CDD – 338.4791
                                                     658.562
                                                     658.812
                                              BISAC TRV000000
                                                   BUS081000
                                                   BUS065000
                                                   BUS018000

Índices para catálogo sistemático:
1. Turismo : Atividade turística   338.4791
2. Gestão da qualidade : Prestação de serviços   658.562
3. Clientes : Marketing de relacionamento   658.812

DOMINGOS GUIMARAENS
SARA MAURICIO

BEM-VINDO, VOLTE SEMPRE

Editora Senac São Paulo – São Paulo – 2018

ADMINISTRAÇÃO REGIONAL DO SENAC NO ESTADO DE SÃO PAULO
Presidente do Conselho Regional: Abram Szajman
Diretor do Departamento Regional: Luiz Francisco de A. Salgado
Superintendente Universitário e de Desenvolvimento: Luiz Carlos Dourado

EDITORA SENAC SÃO PAULO
Conselho Editorial: Luiz Francisco de A. Salgado
Luiz Carlos Dourado
Darcio Sayad Maia
Lucila Mara Sbrana Sciotti
Jeane Passos de Souza

Gerente/Publisher: Jeane Passos de Souza (jpassos@sp.senac.br)
Coordenação Editorial/Prospecção: Luís Américo Tousi Botelho (luis.tbotelho@sp.senac.br)
Márcia Cavalheiro R. de Almeida (mcavalhe@sp.senac.br)
Administrativo: João Almeida Santos (joao.santos@sp.senac.br)
Comercial: Marcos Telmo da Costa (mtcosta@sp.senac.br)

Edição e Preparação de Texto: Adalberto Luís de Oliveira
Coordenação de Revisão de Texto: Luiza Elena Luchini
Revisão de Texto: Bianca Rocha, Karinna A. C. Taddeo
Ilustrações: Estudiomil
Fotografias: iStock
Projeto Gráfico e Editoração Eletrônica: Manuela Ribeiro
Capa: Thiago Planchart
Imagem de Capa: iStock
Impressão e Acabamento: Gráfica CS Eirelli

Proibida a reprodução sem autorização expressa.
Todos os direitos desta edição reservados à

Editora Senac São Paulo
Rua 24 de Maio, 208 – 3º andar – Centro – CEP 01041-000
Caixa Postal 1120 – CEP 01032-970 – São Paulo – SP
Tel. (11) 2187-4450 – Fax (11) 2187-4486
E-mail: editora@sp.senac.br
Home page: http://www.editorasenacsp.com.br

© Editora Senac São Paulo, 2018

Sumário

NOTA DO EDITOR, 7

APRESENTAÇÃO, 9

PORTAL 1
Oportunidades e desafios do turismo hoje, 13

O maravilhoso mundo dos "outros", 14

O turismo, 16

Por que as pessoas viajam?, 18

Para trabalhar na área de turismo, 23

Redes do turismo, 25

Na trilha com Adelídio: boa gestão mais conhecimento dos atrativos do local, 26

Entrevista com George Irmes, 29

Filmes, 31

Livro, 32

PORTAL 2
Hospitalidade: o início, o fim e o meio, 33

No país da hospitalidade, 34

Hospitalidade: a arte de acolher, 35

Definições de hospitalidade, 37

O profissional da hospitalidade, 41

Padrão de atendimento, 42

A noiva nervosa, 45

O tamanho da rede, 47

Um dia de fúria, 54

Entrevista com Isabel Veiga, 55

Filmes, 57

Livro, 58

PORTAL 3
O atendimento ao cliente, 59

O previsível jogo das expectativas, 60

Atendimento para todos, 62

Estereótipos e preconceitos, 65

Uma luz sobre a acessibilidade, 67

Cliente satisfeito sempre volta, 69

Expectativas e insatisfações, 70

Entrevista com Andrea Bentes Natal, 71

Comunicação é tudo, 73

O valor de ouvir, falar e se expressar, 74

Redes e atendimento, 76

Uma questão de ética, 79

Entrevista com Rosane Lucas, 81

Filmes, 83

Livro, 84

Site, 84

PORTAL 4
O time: a alquimia do sucesso, 85

    A alquimia do atendimento, 86

    A banda, um time perfeito, 88

    Vícios e virtudes capitais no relacionamento da equipe, 91

    Atenção às conexões, 96

    Jeremias e suas conexões, 97

    A rede de clientes internos, 98

    Jogando contra, 105

    A rede da motivação, 106

    Entrevista com Roland Villard, 109

    Filmes, 111

    Livros, 113

    Site, 113

PORTAL 5
O bom ambiente, 115

    A supercasa, 116

    O sistema 5S – valorizar e conservar o local de trabalho, 118

    Apresentação pessoal: parte do bom ambiente, 124

    Rede de segurança no trabalho, 125

    As águas de Santa Bárbara do Norte, 131

    A rede da responsabilidade ambiental, 135

    Entrevista com José Antônio de Barros, 139

    Filmes, 141

ANEXOS

    I. Vocabulário técnico, 143

    II. Alfabeto fonético internacional, 150

BIBLIOGRAFIA, 151

Nota do editor

Viajar é colocar-se diante do desconhecido e do outro! Uma situação que, apesar de toda possibilidade de aprendizado, de aventura e de muita diversão, gera expectativa, ansiedade, certa insegurança até!

Por isso é fundamental ser bem recebido. Desde o início de uma viagem, a inquietação promovida seja pela aventura do diferente, seja pelas necessidades do trabalho – parte mesma da nossa humanidade – é reconfortada pela dádiva da hospitalidade!

Receber bem é também receber sempre! Um hóspede voltará de bom grado a um lugar que, embora não represente mais o desconhecido, possibilite que ele descanse e aprofunde facetas ainda inexploradas de uma realidade diferente da sua. É que o diferente precisa de tempo para ser absorvido, e por isso mesmo é preciso voltar a lugares acolhedores.

Lançamento do Senac São Paulo, *Bem-vindo, volte sempre* é de interesse para todos os que se dedicam à hospitalidade e que pretendem prosperar na área do turismo e da hotelaria.

Apresentação

Viajar. Viajamos no tempo, no espaço. Os destinos são infinitos e os caminhos se cruzam o tempo todo.

Estamos sempre batendo em portas, trocando informação e energia com as outras pessoas.

É simples. Mas não é tão simples como parece. Todo mundo tem seu próprio mundo. Todo mundo é um mundo.

Quando escolhemos trabalhar com o turismo, precisamos estar bem conscientes de estarmos optando por lidar com a diversidade, a multiplicidade étnica, cultural, social e econômica presente em toda parte.

São muitos milhões de viajantes todos os anos, e esse número cresce cada vez mais. Daí a força e a importância do turismo no mundo atual.

Neste livro, vamos trazer informações que podem simplificar a vida de quem trabalha ou pretende trabalhar nessa área.

Viajar é tão antigo quanto o próprio ser humano, mas o turismo não é tão antigo assim.

O turismo é uma atividade econômica que se desenvolve em todo o planeta, tem mercado e padrões bem definidos e uma cultura desenvolvida ao longo de quase dois séculos, formatada pelas características da sociedade industrial (e pós-industrial) em que vivemos. Uma sociedade competitiva, exigente, cheia de desafios, mas também repleta de oportunidades pessoais, profissionais e empresariais.

Bem-vindo, volte sempre, este nosso livro, faz um tour por cinco portais, cinco portas, em que vamos bater, entrar e ficar conhecendo melhor essa cultura e como nos inserir nela.

Por trás de cada uma dessas portas, ou portais, você vai encontrar conteúdos agrupados a partir de alguns conceitos: oportunidades e desafios; hospitalidade; atendimento; relacionamentos; saúde e meio ambiente.

Cada um dos portais deste livro é dividido em seções. Para que você possa viajar com segurança pelos portais, conheça cada uma dessas seções:

CHECK-IN — É a abertura do portal. Aqui você encontra a apresentação do portal e seus desdobramentos, o que motivou a escolha do tema e como nos aproximamos dele. No check-in, o leitor, nosso hóspede, tem a possibilidade de se identificar com o tema e entender como ele será tratado no portal.

GPS – O QUE É... E COMO CHEGAR LÁ! — Uma espécie de localizador semântico. Quando falamos de hospitalidade, ou atendimento, ou saúde, e os demais temas escolhidos para encabeçar os portais, exatamente sobre o que estamos falando? E quais os caminhos que podemos seguir para, na prática, chegar ao entendimento sobre esses temas?

DE OLHO NO MERCADO — O que o mercado do turismo valoriza em determinados comportamentos e práticas e por que valoriza. Como ser um profissional valorizado e requisitado.

O MUNDO É UMA REDE

O turismo é uma imensa rede de serviços. Aqui procuramos localizar conjuntos, detalhes, segmentos.

 GENTE COMO A GENTE

Quem opera o turismo são as pessoas. Por isso, nada melhor do que aprender com histórias que podem ocorrer na prática. As histórias selecionadas retratam casos que nos ajudam a entender como funciona o setor de turismo e hospitalidade.

 SUA VEZ

Atividades criativas e reflexivas para desafiar leitores e alunos e oferecer aos educadores, eventualmente, opções de trabalho individual ou em grupo.

 SAIBA MAIS COM QUEM FAZ

Depoimentos e entrevistas de profissionais atuantes no mercado.

 CHECK-OUT

Hora de "fechar a conta", recolher a bagagem e partir para o próximo portal. Nesta seção, você encontra uma síntese do que aprendeu no portal.

 ABRINDO HORIZONTES

Indicações de como aprofundar o conhecimento por meio de livros, filmes e sites.

Para aproveitar, da melhor forma possível, as informações aqui disponibilizadas, sugerimos a cada "viajante", você neste momento, desenvolver uma atitude participativa.

Não estamos aqui para inventar a roda ou descobrir a pólvora. As informações que trazemos devem interagir com o que você já sabe, ou sabe (ou não) que precisa aprender sobre o assunto.

Aprender é incorporar conhecimentos, valores e atitudes à nossa vida. A esse processo chamamos de desenvolvimento de competências.

Esperamos que esses novos conhecimentos ajudem você a ser ainda melhor – pessoal e profissionalmente –, podendo contribuir para que o mundo melhore também.

Então, bem-vindo ao nosso *Bem-vindo...*! Aproveite bastante sua estadia nestas páginas e volte sempre que quiser ou precisar.

PORTAL 1
OPORTUNIDADES E DESAFIOS DO TURISMO HOJE

CHECK-IN

Bem-vindo ao portal das oportunidades e dos desafios do turismo! Na sua estadia, nestas primeiras páginas, vamos conhecer o básico: os conceitos, as motivações, a evolução, o mercado.

O que é indispensável para trabalhar nessa área? Onde estão as oportunidades? Quais são os desafios? Que competências é preciso desenvolver?

As perguntas são muitas, e as respostas... Bom, estamos aqui para ajudar você a formular as suas. Garantimos muita informação e cuidado na elaboração e no desenvolvimento dos temas. Mas seu conhecimento é você quem constrói.

Temas tratados: **O que é turismo | Por que as pessoas viajam? | Tipos de turismo | Redes de turismo | Mercado de trabalho.**

O maravilhoso mundo dos "outros"

Viver é viajar.

Estamos sempre viajando com destino aos nossos sonhos e desejos, trocando informação, afeto e energia com outras pessoas.

São os outros que dão sentido maior à nossa própria viagem. Tudo o que queremos é ter acesso ao maravilhoso mundo dos outros.

Ao reconhecer o outro, entendemos melhor quem somos e o que queremos. A partir daí é que tudo acontece: do amor à guerra, do nascimento ao renascimento. Uma viagem.

Viver é viajar. E, já que é assim, podemos inverter a frase sem perder a ideia: viajar é viver.

Viajar é o sonho de consumo de quase todo mundo. Por que será?

Viajar é sempre uma promessa de viver intensamente novas experiências e incorporar conhecimentos.

É desfrutar das inúmeras culturas e belezas naturais de nosso planeta; é poder incrementar negócios ou, simplesmente, trocar ideias; é buscar todo tipo de resposta, que só encontramos no que estamos chamando de "o maravilhoso mundo dos outros" e que, na verdade, o turismo transforma em nosso mundo também.

O mundo é nosso.

Mais de 7 bilhões de pessoas, milhares de etnias, culturas, ecossistemas, cidades diferenciadas, milhões de destinos.

VIAJAR: POR LAZER, NEGÓCIOS, SAÚDE, CONHECIMENTO E MUITAS OUTRAS RAZÕES. TUDO PODE SER MOTIVO PARA VIAJAR. O TURISMO TRABALHA PARA ATENDER E TORNAR POSSÍVEL QUALQUER TIPO DE DEMANDA POR VIAGEM. DAÍ A SUA FORÇA E IMPORTÂNCIA NOS DIAS DE HOJE.

★ ★ ★

O turismo

Este conjunto articulado de serviços a que damos o nome de turismo é uma atividade em pleno processo de crescimento em todo o mundo.

Importante na geração de emprego e renda, utiliza profissionais de diversas especialidades e níveis de formação. Motiva o empreendedorismo, incentiva a inovação e o conhecimento.

Movimenta muito dinheiro e expectativas.

Nômade na sua pré-história, o ser humano sempre teve motivos para viajar, mas nunca o fez com tanta intensidade como nos dias de hoje.

O motivo é simples. Atualmente é possível viajar sem que para isso a pessoa tenha que necessariamente interromper seu fluxo de vida como ocorria na Antiguidade.

Viajar exigia muita disposição e tempo para enfrentar as dificuldades de transporte e hospedagem.

Hoje, ao contrário, viajar é parte da vida das pessoas.

Na sociedade em que vivemos, viajar ficou mais fácil. As grandes mudanças tecnológicas, políticas, sociais e filosóficas dos dois últimos séculos, principalmente, motivaram esse fato.

Nunca foi tão verdadeira a antiga frase imortalizada pelo poeta português Fernando Pessoa: "Navegar é preciso".

Mais que isso, hoje, em muitos casos, navegar, voar, correr, pedalar, viajar, do jeito que for, chega a ser indispensável.

O turismo é uma atividade cheia de nuances e exige planejamento para que todos sejam beneficiados.

Na verdade, são tantos os motivos que levam as pessoas a viajar que podemos falar de "turismos", no plural, como veremos adiante.

Turismo: veja o que diz a Organização Mundial do Turismo (OMT)

O conceito de turismo estabelecido pela Organização Mundial do Turismo (OMT), adotado oficialmente pelo Brasil, compreende "as atividades que as pessoas realizam durante viagens e estadas em lugares diferentes do seu entorno habitual, por um período inferior a um ano, com finalidade de lazer, negócios ou outras".[1]

Um bom planejamento de médio e longo prazo deve implementar medidas que possam desenvolver a atividade de forma sustentável.

Turismo sustentável é o que se desenvolve visando aos benefícios – reduzindo os impactos negativos – que podem ocorrer pela exploração dos atrativos de uma localidade. É preciso preservar a localidade e levar em conta tanto os interesses da população residente quanto os dos turistas.

Por exemplo: para atender às demandas e exigências da atividade, muitas vezes é preciso operar mudanças estruturais que, além de possibilitarem e melhorarem a prestação do serviço, costumam trazer benefícios a toda a comunidade, tais como asfaltamento de estradas, iluminação, limpeza e muitos outros.

Para isso, deve haver mobilização política e maior conscientização por parte da sociedade, das pessoas que viajam e das que exploram o turismo.

A mobilização e o engajamento da comunidade são fundamentais para que se ponha em prática, com sucesso, qualquer planejamento turístico para uma região.

---

1 Secretaria Nacional de Políticas de Turismo. Departamento de Estruturação, Articulação e Ordenamento Turístico. Coordenação Geral de Segmentação. [s.d.]. Disponível em: <http://www.turismo.gov.br/sites/default/turismo/o_ministerio/publicacoes/downloads_publicacoes/Marcos_Conceituais.pdf>. Acesso em: 19 out. 2017.

A palavra "turismo"

"Turismo" vem do termo em inglês *"tour"*, que significa viajar ou dar uma volta. Se pesquisarmos a origem do turismo, vamos chegar a Londres do século XIX, em plena Revolução Industrial, quando um vendedor de bíblias chamado Thomas Cook organizou a primeira viagem em grupo para levar pessoas a um congresso sobre alcoolismo, em Leicester. Cook foi mais longe: criou a primeira agência de viagem e lançou a ideia.

Faz parte do nosso imaginário identificar turismo e turista pelo seu aspecto transitório. E é isso mesmo. O turista não pretende se fixar em um destino — ou está trabalhando ou está em busca de conhecimento e/ou lazer.

Identificar um turista é relativamente simples; bem mais complexo é encontrar os caminhos de como o turismo se estrutura e o que isso envolve. Não podemos esquecer que todo mundo sempre tem bons motivos para viajar e cabe ao turismo tornar sonhos e expectativas em realidade — mais que isso, em experiências inesquecíveis.

Essas experiências começam por um simples agendamento, e, a partir daí, uma engrenagem passa a se mover, envolvendo dezenas, centenas de pessoas, profissionais de várias formações, empresas, instituições — tudo em função do cliente.

Por que as pessoas viajam?

Anastasia mora em Moscou, mas começou a namorar um brasileiro pela internet e hoje ela está viajando para o Rio de Janeiro para conhecer seu amado e as belas praias que ele tanto elogia.

Erick Stein é um conceituado cirurgião internacional de Alberta, no Canadá. Muita gente se desloca de longe para ser operado por ele. Hoje ele não vai poder atender, vem ao Brasil participar de um congresso.

Maria, de 7 anos, e toda sua família estão indo para a Disney.

Alejandro, jogador argentino de basquete, viaja para pagar uma promessa no caminho de Santiago de Compostela.

Daqui a algumas horas, todas essas pessoas, sem que umas saibam das outras, estarão voando em rotas diversas, atravessando fusos e se expressando em outros idiomas, em busca de seus sonhos e destinos.

Todo mundo tem sempre um bom motivo para viajar.

Tipos de turismo

Turismo cultural – O turismo cultural é aquele que tem como atrativo principal bens materiais e imateriais, ou seja, o patrimônio histórico e cultural. Temos alguns exemplos de atrativos desse tipo de turismo: folclore, história da localidade (curiosidades), arquitetura local, religião.

Turismo rural – É o conjunto de atividades turísticas desenvolvidas no meio rural, comprometido com a produção agropecuária. Agrega valor a produtos e serviços, resgatando e promovendo o patrimônio cultural e natural da comunidade. Tem como ideia principal gerar benefícios econômicos e divulgar a cultura local, levando ao aproveitamento de terras que, muitas vezes, estavam improdutivas e passaram a produzir em função da procura dos turistas que visitam o local.

Turismo de sol e praia – É uma atividade reconhecida como recreativa, de entretenimento, descanso e lazer. Como é um dos tipos de turismo mais procurados, torna-se bem rentável para a localidade. Imagine mar, sol, sombra e água fresca em um único lugar.

Turismo de negócios e eventos – É um turismo procurado pelo mercado corporativo, por empresas de médio e grande porte que realizam encontros, seminários ou feiras em outras regiões que não a sua de origem.

Turismo social – É a forma de conduzir e praticar a atividade turística promovendo a igualdade de oportunidades, a equidade, a solidariedade e o exercício da cidadania na perspectiva da inclusão.

Ecoturismo – É um tipo de atividade turística que utiliza de forma sustentável o patrimônio natural. Praias afastadas, ilhas, parques nacionais e outras áreas verdes têm grande potencial para essa prática. Nesse tipo de atividade, é muito importante o conceito de sustentabilidade. Ser sustentável é saber lidar e manter as fontes de recursos naturais para hoje e para o futuro. Toda atividade turística gera impacto ecológico. Minimizar esse impacto para preservar a natureza é importante em qualquer segmento do mercado, ainda mais no turismo.

Turismo de estudos e intercâmbio – Nesta modalidade, o turista não está de férias. Ele se desloca pelo interesse em se qualificar, trocar conhecimentos ou aprender algo novo (como uma língua, por exemplo). O intercâmbio é mais comumente realizado entre países, mas também pode ocorrer entre estados e municípios.

Turismo de esportes – Compreende as atividades ligadas a eventos esportivos. Temos como prática o esporte náutico, a pesca, o tênis, o futebol, o basquete, o rali, entre outras modalidades esportivas.

Turismo de aventura – É um tipo de turismo que algumas vezes se integra ao ecoturismo e é praticado em caráter de aventura, sem competitividade. Normalmente o meio de hospedagem é um camping com infraestrutura ou barracas montadas pelos próprios turistas. As refeições são improvisadas, e o viajante leva consigo água e alimentos, utilizando os recursos naturais da localidade.

Turismo de saúde – É um tipo de turismo que abrange desde os conhecidos SPAs e estâncias termais até hospitais de referência para determinados tipos de tratamento.[2]

Outras classificações

O turismo pode ser reconhecido também pelas diferentes formas como ele se apresenta. É importante observar nessa divisão a amplitude do mercado para os profissionais dessa grande rede.

---

2 Secretaria Nacional de Políticas de Turismo. Departamento de Estruturação, Articulação e Ordenamento Turístico. Coordenação Geral de Segmentação. [s.d.]. Disponível em: <http://www.turismo.gov.br/2015-03-09-13-54-27.html>. Acesso em: 19 out. 2017.

Turismo doméstico – as pessoas circulam dentro de seu próprio país.

Este é o tipo de turismo de maior demanda no Brasil. As ações do Ministério do Turismo com campanhas para estimular o brasileiro a viajar mais pelo próprio país, aproveitando as festas regionais, tais como carnaval, cavalhada, rodeios, entre outras, são uma das razões dessa crescente demanda.[3]

Seria simples se o Brasil não fosse este país enorme e de cultura tão diversa. Por isso, é importante o profissional de turismo estar atento ao seu entorno e às diferenças culturais e regionais para ajudar seu hóspede a curtir sua estadia do jeito mais confortável e seguro.

Turismo receptivo – as pessoas são recebidas em nosso país.

Neste tipo de turismo, o profissional deverá receber estrangeiros e atender às suas expectativas. Na maioria dos casos, são pessoas que

---

3 Dorse Júnior. "Turismo promove eventos para estimular viagens". Ministério do Turismo. 10 maio 2017. Disponível em: <http://www.turismo.gov.br/component/content/article.html?id=7768>. Acesso em: 19 out. 2017.

não falam português e que, muitas vezes, vêm de culturas muito diferentes. Para trabalhar nesse segmento, é importante estar preparado para lidar com essas diferenças e, de antemão, ler e aprender sobre elas.

Turismo emissivo – as pessoas partem de seus países para outros destinos.

Este é o turismo dos agentes e das agências de turismo, aqueles que ajudam quem vai viajar a organizar e a programar sua viagem. Nesse tipo de turismo, é importante conhecer o perfil de seu cliente para saber informá-lo sobre os melhores destinos e suas opções e atrações.

Tudo é motivo para viajar: lazer, negócios, estudos, atividades culturais e ecológicas, eventos esportivos e religiosos, congressos e convenções, tratamentos médicos e muito mais.

O turismo tem características próprias e é um dos mercados que mais crescem em todo o mundo.

No próximo portal, dedicado à hospitalidade, voltaremos a esse tema.

Mas se as pessoas, apesar das dificuldades, sempre viajaram, por que só nos três últimos séculos, com a sociedade industrial, é que surgiu o turismo como o entendemos hoje?

Simples. Em nossa sociedade, o comércio desenvolveu-se rapidamente. Afinal, tudo que tem demanda deve ser produzido, e tudo que é produzido em grande escala precisa ser vendido. E viajar tem demanda certa.

Seguindo essa lógica simples, viajar passa a ter um preço, como quase tudo. E o turismo transforma-se em um grande mercado.

* * *

Para trabalhar na área de turismo

O turismo é hoje uma atividade sólida, com procedimentos padronizados, já que seus serviços são oferecidos em larga escala, com desdobramentos e ramificações como transportes, meios de hospedagem, infraestrutura local, etc.

Quem deseja atuar nessa área deve procurar entender esse mercado.

A questão da qualificação é fundamental. O profissional precisa estar bem preparado e disposto a seguir carreira, interagindo com a cultura da hotelaria, do turismo e da hospitalidade. Ao preparo profissional se soma o talento pessoal.

É o talento do profissional – seu jeito de atender às demandas, sua capacidade de bem se relacionar com os hóspedes – que, somado ao conhecimento técnico e ao espírito de equipe, faz a diferença.

O valor de um profissional de turismo inclui, portanto, seu conhecimento e qualificação, mais sua capacidade de lidar com pessoas. Esse processo é contínuo e requer constante aperfeiçoamento.

O "bem-vindo!" que desejamos ao cliente, ao recebê-lo, deve estar presente a cada ação do profissional, seja carregar uma mala, seja contornar uma crise de qualquer natureza com o hóspede. Assim também é quando tudo o que o cliente deseja é agilidade e eficiência. Cada caso é um caso. Todos merecem a mesma atenção, mas cada pessoa é diferente e deve ser atendida em sua particularidade.

O mercado reconhece o bom profissional e o recebe com o clássico: "Bem-vindo, o turismo reserva muitas oportunidades para você!".

Turismo no Brasil

No Brasil, o setor de turismo tem muito a crescer.

Várias coisas, porém, não dependem só de quem trabalha no meio, como as questões econômicas e políticas, por exemplo.

O turismo interno é muito importante, especialmente se for usado não só para aumentar a geração de divisas, mas também como instrumento de inclusão e integração social.

O ideal seria aumentar as viagens domésticas, com grupos de consumidores até então excluídos, oferecendo pacotes de qualidade com preços mais acessíveis, até mesmo para acabar com o mito de que turismo é exclusividade das elites nacionais e estrangeiras.

O objetivo de promover o turismo brasileiro deveria ter também outro propósito, o de consolidar a imagem do país, valorizando as riquezas naturais, visando a um turismo qualificado, diversificado e sustentável.

É importante ainda identificar os principais centros emissores e públicos-alvo prioritários, sem, no entanto, esquecer dos possíveis destinos e segmentos em potencial. No final de tudo, as ações em prol do turismo doméstico deveriam:

- promover o fomento do mercado interno;
- aumentar os produtos de qualidade;
- ampliar o número de viagens internas;
- promover regiões brasileiras, o que contribuiria para reduzir as desigualdades regionais;
- fortalecer o segmento de negócios e eventos ligados direta e indiretamente à cadeia produtiva do turismo.

Importante também é estar atento à imagem do Brasil. O turista identifica-se de alguma forma com o destino que escolhe, seja com o clima, seja com o comportamento das pessoas, seja com a cultura em geral. Assim, a construção da imagem do Brasil é um item importante a ser trabalhado em todas as esferas. O profissional da área pode e deve estar atento a isso.

O Brasil ainda é visto internacionalmente como o país do samba, da mulher e do futebol. Para sair desse estereótipo, é necessário que haja um esforço coletivo para o enriquecimento de outros aspectos da nossa cultura. Isso depende de cada cidadão, mas também muito das diretrizes político-econômicas do país.

★ ★ ★

Redes do turismo

Como você sabe, o mundo anda cada vez mais conectado. Do celular ou do computador, é possível falar com milhares de pessoas por meio das redes sociais, por exemplo. E elas não têm esse nome por acaso.

Uma rede é uma trama, uma combinação de fios e nós que estruturam algo maior. Com a rede do turismo não é diferente. Assim como as redes sociais eletrônicas, a rede do turismo é composta de pessoas, empresas e outras instituições – e também não para de crescer.

✶ ✶ ✶

Na trilha com Adelídio: boa gestão mais conhecimento dos atrativos do local

A Chapada dos Veadeiros é um importante parque nacional localizado no estado de Goiás. Afastado dos grandes centros urbanos, possui um enorme manancial de cachoeiras e paisagens magníficas.

Adelídio, desde pequeno, sempre andou por essas matas e pelas trilhas mais escondidas em busca de aventuras. Hoje conhece a região como ninguém, mas não sabia muito bem o que fazer da vida.

Fernanda formou-se em turismo e montou, na entrada da Chapada, uma pousada que atende ao turismo ecológico. Mas não é fácil realizar o sonho do negócio próprio. Apesar de Fernanda ser uma excelente profissional, a pousada não deslanchava. Faltava um algo mais.

Certo dia, passando pela vendinha local, ouviu um sujeito contando sobre paisagens e cachoeiras de que ela nunca tinha ouvido falar. Era Adelídio, com sua bota de couro e chapéu.

Deu-se o encontro: Fernanda e Adelídio formaram a receita do sucesso.

Conhecendo a flora e a fauna da região e com o dom de contar histórias, Adelídio encontrou sua vocação; e Fernanda multiplicou seus hóspedes.

Adelídio agora trabalha com o que mais gosta: é guia turístico. Fernanda continua tocando a pousada. Os dois agarraram a oportunidade que também foi muito proveitosa para o desenvolvimento local.

O turismo, como qualquer outro negócio, é feito de oportunidades e por gente como a gente, que tem ideias e sabe executá-las.

* * *

Junte os pontos e crie sua própria rede:

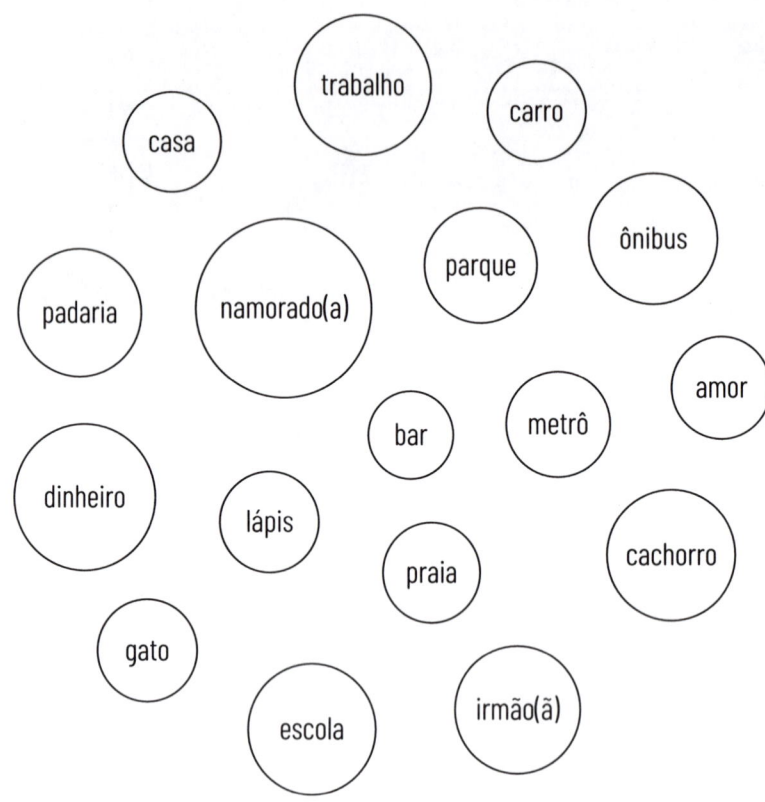

Entrevista com George Irmes

George Irmes é agente de viagem desde 1964 e presidente da Irmes Tours Viagens e Turismo Ltda. Atuou durante 24 anos como presidente do Sindicato de Agentes de Viagens e foi presidente da Associação Brasileira dos Agentes de Viagens do Rio de Janeiro (ABAV-RJ) de 2000 até 2014. Atualmente é diretor de capacitação e certificação da ABAV-RJ, 2º vice-presidente do Sindicato das Empresas de Turismo no Rio de Janeiro (Sindetur-RJ) e diretor do Conselho de Ética, Conciliação e Arbitragem da Associação Brasileira dos Agentes de Viagens (ABAV).

Quais os principais desafios do turismo no Brasil hoje?

É preciso renovar a imagem e a forma de divulgar o país no exterior. Além disso, é fundamental capacitar as pessoas. Os estrangeiros elogiam muito a nossa hospitalidade e gentileza, mas reclamam muito dos serviços. Um hotel cinco estrelas deve ter um atendimento cinco estrelas, uma pousada deve ter um atendimento de alta qualidade. Capacitar os funcionários é fundamental, e é o que falta no Brasil. Também acho que faltam divulgações corretas da Embratur. Falta informação. Continuamos recebendo 6 milhões de turistas por ano, como 20 anos atrás. Tem algo errado. É preciso modificar a forma de promoção do país no exterior, buscando os países emissores. Hoje os maiores emissores de turistas para o Brasil são os países da Europa, os Estados Unidos, a China e o Japão. Esses países devem ser contatados com mais frequência. As secretarias estaduais de turismo também devem agir de forma mais independente da Embratur. Não basta levar escolas de samba para o mundo. Isso é ótimo, mas já foi feito. Falta inovação.

Como identificar as oportunidades que surgem em turismo?

O Brasil é um país de muitas oportunidades para o turismo, mas elas devem ser mais bem aproveitadas. O Brasil tem uma série de parques nacionais que são maravilhosos, mas não se sustentam. O alto custo para visitar essas áreas é um dos maiores problemas, além dos serviços que poderiam ser muito melhores. Ninguém realmente aproveita o potencial dessas regiões. O Brasil é um país cheio de potencial. Temos bons hotéis, belezas naturais. O carnaval é um dos eventos mais procurados por turistas do mundo todo, o réveillon está chegando no mesmo patamar. Mas como aproveitar isso? É importante ter capacitação e preço. Fazer a população local entender a importância do turismo. Saber que 20 milhões investidos em turismo se tornam 200 milhões. É importante entender a força desse investimento. A oportunidade sempre existe, mas é importante entender que produto você deve vender. Uma agência de turismo pode se especializar em turismo para a terceira idade, em surfe, em destinos com neve, em turismo de aventura. Mas é fundamental ser um supermercado, diversificar e ser capaz de vender de tudo. Conhecer o produto que se vende é fundamental. Pesquisar os destinos mais procurados e que tipo de pessoa procura o quê. Oportunidade é conhecimento.

Diante do crescente uso da tecnologia no mundo do turismo, como o profissional deve se preparar?

É preciso investir na excelência do atendimento. As agências de turismo, por exemplo, têm sofrido muito com a concorrência das agências on-line. Elas não precisam de espaço físico, o cliente compra todos os pacotes pelo computador. Mas isso não substitui o agente de viagem, pois ele pode ter informações mais precisas e pessoais para passar para seu cliente. Esse contato humano é muito importante. Por mais que as agências de turismo se tornem digitais e que o mundo caminhe para essa robotização, será sempre necessário o contato humano. Um robô jamais poderá receber alguém com a simpatia de um recepcionista ou atender com a gentileza de um garçom. Hospitalidade é insubstituível, e isso é eterno.

Pronto. Neste primeiro portal você ficou sabendo que o turismo é hoje uma atividade cheia de boas perspectivas e repleta de oportunidades para quem estiver disposto a enfrentar seus principais desafios.

Você que é ou pretende ser um profissional, você que de alguma forma lida com turismo, viu que o mercado precisa cada vez mais de pessoas bem informadas e qualificadas, capazes de desenvolver uma atitude positiva e criativa na forma de bem tratar os clientes.

Filmes

Título: *A volta ao mundo em 80 dias*. **Diretor:** Michael Anderson. **Elenco:** David Niven, Cantinflas. **Ano:** 1957.

Sinopse: Um filme sobre o sonho de viajar! Um clássico do cinema que conta a história do nobre inglês Phileas Fogg, que, em 1872, aposta 20 mil libras com alguns colegas que conseguiria dar a volta no planeta em exatamente 80 dias. Ao lado do engenhoso ajudante, ele busca cumprir o seu objetivo com aventuras em todos os continentes. Observe que, na época em que a história acontece, o turismo como entendemos hoje está apenas começando a existir.

Título: *Férias frustradas*. **Diretores:** Harold Ramis e Amy Heckerling. **Elenco:** Chevy Chase. **Ano:** 1983.

Sinopse: Este clássico da comédia da década de 1980 narra as desventuras de uma família que planeja atravessar os Estados Unidos para conhecer um famoso parque temático. Um filme sobre tudo o que pode dar errado em uma viagem.

Título: *O mensageiro trapalhão*. **Diretor:** Jerry Lewis. **Elenco:** Jerry Lewis. **Ano:** 1960.

Sinopse: Um dos mais emblemáticos filmes do grande comediante norte-americano Jerry Lewis. Stanley é o mensageiro de um hotel de luxo que não para de se meter em confusões com os hóspedes e funcionários do hotel. Um filme sobre tudo o que um profissional de hotelaria não deve fazer.

Livro

Título: *O coração das trevas.* **Autor:** Joseph Conrad. **Ano:** 1902.

Sinopse: O livro conta a história de uma missão que sai de barco do rio Tâmisa, em Londres, para adentrar nos confins do continente africano em busca de um oficial de um posto de comércio desaparecido. A obra narra uma difícil jornada e mostra como era complicado viajar sem as facilidades que temos hoje.

PORTAL 2

HOSPITALIDADE:
O INÍCIO, O FIM E O MEIO

CHECK-IN

Bem-vindo ao portal da hospitalidade. Esta etapa da nossa viagem exige hospedagem de excelência, já que hospitalidade é um dos pontos básicos do turismo e da hotelaria.

Em turismo e hotelaria, hospitalidade é tudo.

Essa palavrinha contém muitos significados que se agregam e resultam na essência da nossa atividade. É início, é fim, é meio, como na música de Raul Seixas. Neste portal, vamos entender por quê.

Temas tratados: **Hospitalidade | Hospitalidade e civilidade | Definições de hospitalidade | Procedimento Operacional Padrão (POP) | O turismo e suas redes de hospitalidade | Meios de hospedagem**.

No país da hospitalidade

Ang e Lucy são pessoas absolutamente diferentes. Ela é britânica, ele é chinês. Além de diferentes pessoalmente, provêm de países de culturas radicalmente distintas. Ainda assim, têm algumas coisas em comum: ambos são alegres, inteligentes e loucos por esportes.

Ang e Lucy são apenas dois exemplos entre dezenas ou centenas de milhares de pessoas que, pelo menos uma vez ao ano, fazem questão de estar presentes em um grande evento.

Estiveram nos Jogos Olímpicos de 2012 em Londres, no Brasil durante a Copa do Mundo 2014 e prometeram não parar.

Do Brasil, Ang e Lucy levaram ótimas impressões.

Nossa hospitalidade, segundo pesquisas feitas pelo Ministério do Turismo, recebeu 98% de aprovação dos que aqui estiveram.[1]

---

1 Embratur. Ministério do Turismo. [s.d.]. Disponível em: <http://www.embratur.gov.br>. Acesso em: 19 out. 2017.

Esse fato ganha importância quando lembramos que atrair mais e mais turistas é um dos maiores desafios do setor.

Falar de hospitalidade significa falar de qualidade no atendimento aos turistas, agilidade e, principalmente, falar de pessoas, profissionais qualificados e capacitados para oferecer esse serviço tão simples e, ao mesmo tempo, tão complexo.

Hospitalidade – esse é o primeiro fundamento do turismo.

* * *

Hospitalidade: a arte de acolher

Hospitalidade é a arte de bem receber! Ao oferecer aos nossos clientes instalações confortáveis, boa comida, boas alternativas de lazer, mobilidade e um atendimento eficiente, estamos praticando a hospitalidade, sempre em uma atitude amistosa e acolhedora.

É a hospitalidade por princípio.

Quem trabalha com hospitalidade deve proporcionar ao seu hóspede a melhor experiência possível.

O reconhecimento da hospitalidade pelo hóspede cria um vínculo de fidelidade entre ele e quem lhe prestou o serviço durante a estadia.

Esse vínculo é também um dos mais fortes motivos para que seu cliente volte sempre.

As demandas dos hóspedes podem ser as mais inesperadas, mas o profissional deve estar pronto para atendê-las, como no caso da história em quadrinhos "O desejo", que veremos a seguir.

O que importa é fazer o turista feliz. Cliente bem atendido sempre indica o meio de hospedagem aos amigos e conhecidos e, com certeza, sentirá vontade de voltar.

Recepcionista e concierge

Na história em quadrinhos que acabamos de ler, o casal ligou para o recepcionista no meio da madrugada. Ele foi atencioso e resolveu o problema dos hóspedes. Se estivessem em um hotel cinco estrelas, o casal poderia ter recorrido ao concierge, um profissional especializado em atender o cliente, resolver seus problemas e realizar seus desejos. Como conseguir entradas para um jogo de futebol? Como contratar um passeio de barco pelas ilhas da região? Como reservar uma mesa no melhor restaurante vegetariano da cidade? Em um meio de hospedagem de luxo, essas são tarefas para um competente concierge.

Definições de hospitalidade

Vamos fazer uma pequena viagem no tempo e no espaço e localizar os sentidos da hospitalidade. Esse é o nosso destino.

Como ocorre com muitas palavras, o sentido de hospitalidade tem mudado conforme seu uso ao longo do tempo.

Sabemos intuitivamente o que é e como praticar a hospitalidade, mas vamos mais longe agora.

Veja alguns pensamentos sobre o assunto:

> Na hospitalidade genuína existe uma emanação do coração, que não pode ser descrita, mas é imediatamente sentida, e logo faz com que o visitante se sinta à vontade.[2]

> Pessoas, mesmo protegidas pelos crachás de hoteleiro e cliente, não deixam de ser pessoas e de se converter em anfitrião e hóspede e a continuar tendo, como referência, o ritual de receber das casas.[3]

---

2 Washington Irving *apud* Roberta Macedo. "'Preparando seu coração para hospitalidade', por Rebecca Van Doodewaard". *Mulheres Piedosas*, 27 set. 2012. Disponível em: <http://www.mulherespiedosas.com.br/preparando-seu-coracao-para-hospitalidade-por-rebecca-vandoodewaard/>. Acesso em: 19 out. 2017.

3 Elisabeth Kyoko Wada e Luiz Octávio de Lima Camargo. "Os desafios da hotelaria". *GV Executivo*, v. 5, n. 1, 2006. Disponível em: <https://www.yumpu.com/pt/document/view/18570824/os-desafios-da-hotelaria/2>. Acesso em: 19 out. 2017.

> [Hospitalidade é] uma troca humana contemporânea assumida voluntariamente e concebida para aumentar o bem-estar mútuo das partes envolvidas mediante oferta de acomodação e/ou alimento, e/ou bebida.[4]

Em todas essas definições, hospitalidade nos remete a uma relação de troca entre pessoas — quem recebe e quem é recebido. Essa troca deve proporcionar bem-estar a todos. Mesmo quando todo o ritual da hotelaria se faz evidente, ainda assim, o que mais conta é a hospitalidade.

A demanda por hospitalidade gera a oferta, que, por sua vez, gera mais demanda.

Podemos afirmar que o turismo como atividade econômica nasceu quando alguém percebeu que muita gente estava disposta a pagar para viajar com segurança, privacidade e conforto. Em outras palavras: com hospitalidade.

E não é coincidência que isso se desenvolva bem mais na era industrial, momento em que a sociedade cria novos e resgata antigos conceitos e valores, como civilidade, cidadania, cordialidade, cosmopolitismo e outros nessa linha, como é o caso da hospitalidade, que tem raízes profundas na história.

Na Antiguidade e nos mitos encontra-se o estímulo ao bom acolhimento, considerado como um *dever sagrado*. Esse acolhimento foi mudando com o tempo, mas esteve sempre associado à ideia de generosidade. O conceito de hospitalidade, pela sua riqueza e potencialidade, serve de fundamento para muitos estudiosos da sociabilidade humana no mundo moderno.[5]

---

[4] Bob Brotherton *apud* Cláudio Roberto Leite e Raul Amaral Rego. "Os fatores que contribuem para o desenvolvimento da cultura de hospitalidade nas empresas de serviços". *REA — Revista Eletrônica de Administração*, v. 6, n. 1, 2007. Disponível em: <http://legacy.unifacef.com.br/rea/edicao10/ed10_art03.pdf>. Acesso em: 19 out. 2017.

[5] Para dimensionar adequadamente a função e os padrões da hospitalidade, não se pode deixar de lado a noção de cultura e de como ela se insere, no tempo, nas diferentes sociedades. Marielys Siqueira Bueno, Maria do Rosário Rolfsen Salles e Sênia Regina Bastos. "Hospitalidade: trajetória e possibilidades". *Contribuciones a las Ciencias Sociales*, jul. 2010. Disponível em: <www.eumed.net/rev/cccss/09/bsb.htm>. Acesso em: 19 out. 2017.

No final do século XVIII e início do século XIX, vários pensadores retomam também algumas discussões sobre um tema que está muito ligado com a hospitalidade: a ética. A ética discute e demarca nossos direitos e obrigações uns com os outros.

Uma pessoa civilizada e hospitaleira defende sua própria liberdade com o mesmo entusiasmo com que defende a liberdade alheia. Acredita que o outro não seja necessariamente um inimigo ou rival.

Somente "civilizados" desenvolvem a hospitalidade.

"Civilizado" é o nome que damos a quem sabe conviver com as diferenças. Indica que nos tornamos menos bárbaros e mais negociadores. Menos guerra, mais comércio. Menos conflitos, mais diplomacia.

Contemporâneos do turismo

- Grandes metrópoles.
- Indústrias (farmácia, alimentos, roupas).
- Lojas de departamentos.
- Trens.
- Estados nacionais, hinos e bandeiras.
- Direitos humanos.
- Sociedade civil e democracia.

★ ★ ★

O que é hospitalidade para você?

Observe as várias imagens que podem representar esse tema.

Quais desses ícones você acha que tem mais a ver com a sua ideia sobre o que é hospitalidade?

Como exercício de imaginação, propomos que você escolha três dessas representações e, a partir delas, crie uma história.

Claro que nesse processo você pode anotar dados, fazer desenhos e conversar com outras pessoas. O que importa é deixar clara a sua vivência e qual sua ideia sobre esse assunto.

Esta é a primeira etapa de outra atividade que vamos praticar ainda neste portal, mais adiante.

★ ★ ★

O profissional da hospitalidade

O mercado da hospitalidade exige profissionais qualificados e motivados para desempenhar suas funções.

O profissional da hospitalidade precisa aprender a lidar com questões de privacidade do hóspede, com quem convive em situações de muita intimidade, inevitáveis nos meios de hospedagem.

Deve ter também agilidade operacional, sensibilidade e criatividade para dar conta das várias demandas que surgem no dia a dia.

Outra característica importante do profissional da hospitalidade é desenvolver a sensibilidade para perceber claramente com que tipo de hóspede está lidando: se é alguém que tem a expectativa de viver novas experiências, se é do tipo que exige eficiência ou o máximo de discrição de quem o atende.

O que se espera do profissional

Relacionamento com o cliente: hospitalidade, antes de tudo, é acolher alguém que deve se sentir respeitado e bem atendido, qualquer que seja o seu perfil.

Agilidade operacional: uma forma bem objetiva de fazer seu cliente sentir-se acolhido é dar respostas ágeis às suas demandas.

Postura profissional: uma coisa é ser hospitaleiro em sua casa, outra é adotar um procedimento profissional de acordo com a cultura da hospitalidade.

Hospitalidade social × hospitalidade comercial

Hospitalidade social (amador)	Hospitalidade comercial (profissional)
Você oferece.	O cliente procura o serviço.
Eventualmente.	Faz parte de um mercado.
Você decide os limites e padrões do relacionamento.	É administrada como um negócio.
Experiência humana única e personalizada, sem visar ao lucro.	Tem cultura e dinâmica próprias e deve ser sustentável financeiramente.

Padrão de atendimento

A hospitalidade é resultado da soma de posturas e atitudes, entre elas: gentileza, simpatia, agilidade, discrição, eficiência e muito profissionalismo. Posturas e atitudes são a base para ações e procedimentos cuja finalidade é o bom atendimento aos clientes.

Nesse sentido, a cultura hoteleira estabelece padrões de procedimento sempre dentro da visão de hospitalidade. Padrões que se ajustam a cada meio de hospedagem.

Assim, o profissional (recepcionista, camareira, arrumadeira, garçom e todos os demais) é instruído a atuar de acordo com esses padrões.

É o chamado Procedimento Operacional Padrão – ou simplesmente POP –, uma ferramenta poderosa e indispensável na hotelaria.

O profissional deve ficar atento. Trabalhar dentro dos padrões é valor nesse mercado.

POP – Procedimento Operacional Padrão

Todo meio de hospedagem tem seu POP. Ele é uma ferramenta indispensável de comunicação entre os diversos setores e de gestão do pessoal empregado.

O POP existe para que todos na equipe saibam lidar com as situações cotidianas de acordo com as orientações da empresa em que trabalham. Enquadra desde ações de rotina até situações de emergência. Determina também a forma de lidar com qualquer tipo de cliente e situação de atendimento individual ou de grupos.

O POP visa manter o padrão de atendimento, servindo também para a substituição eventual de um funcionário.

Manter os padrões de qualidade é o ponto zero no atendimento ao cliente. E assim é com tudo.

Mas o POP vai além. Cada meio de hospedagem tem padrões a serem seguidos. Como proceder, por exemplo, quando há um mal-entendido envolvendo um hóspede? Ou quando ele esquece a porta aberta, ou deixa pertences de valor no quarto, como joias, aparelhos eletrônicos ou dinheiro?

É o POP que orienta o profissional do hotel, ou pousada, sobre como agir nesses casos.

O POP protege o hóspede e o funcionário, determina limites e responsabilidades e garante a hospitalidade.

Começando a trabalhar em qualquer meio de hospedagem, você será apresentado aos Procedimentos Operacionais Padrões do hotel ou da pousada.

Fique atento: em qualquer meio de hospedagem há um livro com todo o POP, para que você possa consultar, caso tenha alguma dúvida.

Vantagens da padronização

> Sei exatamente como proceder a cada situação e posso me aprimorar nesse sentido.

FUNCIONÁRIO

> Posso alterar minha equipe sem perda de qualidade no serviço. Posso manter a equipe sob controle e programar estratégias em conjunto.

GERENTE

> Mantenho a confiança no serviço que recebo. Sinto-me sempre acolhido e seguro aqui.

HÓSPEDE

★ ★ ★

A noiva nervosa

Imagine essa cena de novela. Quarto de hotel, domingo à tarde:

Noiva: Mãe, o casamento é daqui a duas horas... Liga pra recepção, vamos pedir pra alguém ajudar.

Mãe da noiva: Eu já liguei, filha. Sabe o que eles me disseram? Que o "padrão operacional" do hotel não permite que eles passem roupas de festa.

Noiva: Eu não preciso de "padrão", preciso é de ajuda! O vestido está muito amarrotado. Vamos lá pedir pra passadeira, diretamente.

A passadeira se compadece com a aflição da noiva e decide não seguir o procedimento-padrão e passar o vestido, escondido da gerência. Mas...

Noiva (desesperada): Eu não acredito! Você queimou a cauda do meu vestido!

Passadeira (em pânico): Não, moça... Quase não se nota... Perdão, mas foi o que deu pra fazer.

Noiva (chorando): Como não se nota? É o meu casamento! Não posso casar com esse rabo todo queimado!

Mãe da noiva: Cauda, cauda queimada. Não chore minha filha... Fique calma...

A gerente chega e afirma, uma vez mais, que o hotel não se responsabiliza por serviços especiais, como passar um vestido de noiva. Ameaça a passadeira com uma punição, e ela começa a chorar também. Percebe que o caso está tomando proporções mais sérias e que pode até sobrar para ela, a responsável final pelo caso. Para jogar água na fervura, promete uma solução.

Gerente: Podemos chamar o Sr. Carlos, nosso funcionário que é alfaiate.

Chega o Sr. Carlos com sua malinha de alfaiate.

Gerente: Fique tranquila, senhorita. Este é o Sr. Carlos, que vai fazer o conserto do vestido.

Mãe da noiva: Tem certeza que você pode consertar isso?

Sr. Carlos: Vou fazer o meu melhor. Fique tranquila.

Noiva (chorando): Ahhh... Meu Deus! Meu vestido custou uma nota. Eu quero meu vestido como ele era.

Sr. Carlos: Prometo que vai ficar melhor do que era!

Mãe da noiva: Agora senti firmeza. Vai em frente, Seu Carlos. Pode fazer o conserto, pelo amor de Deus! Não tem outro jeito agora, filha...

Não havia mesmo outra alternativa, e o Sr. Carlos partiu para o conserto. Retirou o pequeno pedaço queimado, fez o acabamento, e caso encerrado. O vestido ficou perfeito e recebeu muitos elogios na festa.

Mãe da noiva: Está deslumbrante, minha filha. Acho que está até mais bonito agora, como prometeu Seu Carlos!

Noiva: Amarrotada é que eu não casava. Nem de cauda queimada.

Tudo bem se acaba bem, mas todo esse estresse poderia ter sido evitado se tivessem seguido o Procedimento Operacional Padrão (POP).

★ ★ ★

Quem sabe você e seus amigos não aproveitam e encenam a história que acabamos de ler? Podem até propor um final diferente!

★ ★ ★

O tamanho da rede

A grande rede de hospitalidade inclui serviços de hospedagem e gastronomia, lazer, eventos, agências de viagem e transporte que existem para servir à demanda turística.

Observe que, além dos serviços específicos de hospedagem, há muito mais pessoas e instituições ligadas, direta ou indiretamente, à empresa onde você trabalha (ou quer trabalhar) do que parece à primeira vista.

UM HÓSPEDE NUNCA DEVE SE SENTIR EM CASA,
MAS SIM MELHOR DO QUE SE ESTIVESSE EM CASA.

Principais meios de hospedagem

Hotel cinco estrelas: clientes exigentes e diferenciados

Esse tipo de hospedagem recebe desde celebridades a empresários e executivos de grandes empresas – pessoas de grande poder aquisitivo que, em geral, fazem questão de ser atendidas com muita qualidade.

Não é fácil cumprir as exigências para ganhar essa classificação. Também não é fácil estar qualificado para trabalhar em um hotel cinco estrelas, por isso meios de hospedagem desse porte são os que mais investem na capacitação permanente de seus funcionários.

Hotel cinco estrelas: serviço de recepção aberto por 24 horas, serviço de mensageiro no período de 24 horas, serviço de cofre em todas as Unidades Habitacionais (UHs) para guarda dos valores dos hóspedes, serviço de refeições leves e bebidas nas UHs (room service) no período de 24 horas, troca de roupas de cama e banho diariamente, secador de cabelo à disposição sob pedido, serviço de lavanderia, televisão em todas as UHs, canais de TV por assinatura em todas as UHs, acesso à internet nas áreas sociais e nas UHs, serviço de alimentação disponível para café da manhã, almoço e jantar, serviço à la carte no restaurante, preparação de dietas especiais (vegetariana, hipocalórica, etc.) e bar.[6]

---

6 Ministério do Turismo. [s.d.]. Disponível em: <http://www.classificacao.turismo.gov.br/MTUR-classificacao/mtur-site/Entenda?tipo=1>. Acesso em: 16 fev. 2018.

Hotéis com quatro, três ou menos estrelas

Têm também suas exigências, e os profissionais precisam estar sempre bem preparados para atuar dentro dos padrões da casa.

Hotel três estrelas: serviço de recepção aberto por 18 horas e acessível por telefone durante 24 horas, serviço de mensageiro no período de 16 horas, troca de roupas de cama em dias alternados, troca de roupas de banho diariamente, serviço de lavanderia, sala de estar com televisão, televisão em todas as UHs, acesso à internet nas áreas sociais e nas UHs, restaurante e serviço de café da manhã.[7]

---

7   *Ibidem.*

Pousada: conforto e informalidade

Quem procura descontração prefere ficar em uma pousada, que deve propor todo o conforto necessário, mas sem perder o jeitão caseiro, nem sua identidade com a região. Seja na serra, seja na praia, o hóspede de uma pousada, em geral, quer curtir a história e a cultura local, que, normalmente, é também seu diferencial.

Mesmo tendo uma abordagem mais informal, a pousada deve manter um bom padrão de atendimento.

Pousada: decoração ligada à cultura local, quartos confortáveis, atendimento mais informal, profissionais que conhecem bem o entorno, redário ou outra área de convivência descontraída, restaurante de comidas caseiras de qualidade, ou mais elaboradas, mas utilizando a cultura e os produtos da região.

Resort: conforto e lazer, com tudo incluído

Com atividades ao ar livre ou em ambientes fechados, o resort pode comportar e agregar um grupo de pessoas com desejos e ideias distintas sobre o que são férias perfeitas.

Por essa variedade de serviços, o hóspede pode optar pelo sistema "all inclusive", um pacote que inclui tudo o que o espaço oferece: do chopinho à aula de esqui, da academia de ginástica ao baile noturno.

Já os resorts tipo SPA visam pessoas que querem dar um tempo de sua rotina pesada para investir em seu corpo e em sua saúde.

Além dos profissionais de costume, como recepcionistas, camareiras, etc., pode demandar, também, serviços de terapeutas, nutricionistas, massagistas, músicos, professores de dança e muitos outros.

Resort e SPA: restaurante com nutricionista que acompanhe a alimentação do hóspede, piscinas para recreação e esportes, quadras poliesportivas, salão de jogos, academia e grandes áreas ao ar livre.

Hotelaria hospitalar

A hotelaria hospitalar é um ramo específico da atividade hoteleira.

A ideia é proporcionar hospitalidade profissional, para que o paciente sinta-se como um hóspede, minimizando eventuais desconfortos causados pela sua situação de saúde. É a hospitalidade retornando ao hospital.

Reparou que hospital e hospitalidade são palavras irmãs?

Na hotelaria hospitalar, qualidades como higiene e limpeza são indispensáveis. Um hospital deve estar sempre limpo e equipado para evitar riscos de contaminações e infecções. Os funcionários ligados à gerência de faxina devem ser especializados e bem treinados, pois muitas vezes é necessário realizar limpezas em áreas de risco. O profissional deve sempre se precaver utilizando equipamentos especiais — os EPI (Equipamentos de Proteção Individual).

Redes internas e desdobramentos

Cada vez mais vivemos em rede. No turismo também. Todos somos elos de uma enorme teia de muitos e muitos nós.

A consciência de fazer parte dessa rede de hospitalidade voltada para o perfeito atendimento ao cliente, além de ajudar os profissionais e as empresas de turismo a se posicionarem no mercado, identificando clientes, fornecedores e concorrentes, sugere também a importância do trabalho em equipe e da cooperação entre os diversos segmentos.

Essa enorme rede de hospitalidade engloba diferentes profissionais, empresas e instituições que se conectam e formam um grande segmento de mercado.

A relação entre os setores deve funcionar de forma organizada e sincronizada. Um organismo em que todas as peças trabalham em conjunto, para que o todo funcione com perfeição.

Quando há falhas, é como quando sua correntinha se rompe e você não consegue fazer um conserto perfeito. Em uma rede de hospitalidade acontece o mesmo: não pode haver rupturas. Mesmo que precise de conserto, não se pode exigir menos que a perfeição.

Além de localizarmos as grandes redes externas, que nos mostram com clareza os tipos e formas de turismo, temos que observar também as redes internas, que se estendem a partir das próprias demandas dos meios de hospedagem.

Um meio de hospedagem é composto por muitos setores, por isso é importante que haja uma interação entre eles.

O **setor de hospedagem** cuida, preserva e aluga as unidades habitacionais que receberão os hóspedes.

O **setor de alimentos e bebidas**, que pode ser desde uma simples cantina até o mais sofisticado restaurante, precisa estar sempre informado do fluxo de hóspedes e da taxa de ocupação do meio de hospedagem para se programar.

A **recepção** é o setor direcionado a receber e realizar o primeiro contato com o hóspede. Deve estar bem conectada com a **governança**, parte responsável pela organização e arrumação do hotel.

Essa rede pode se expandir para fora do meio de hospedagem, conectada com **bares, restaurantes, meios de transportes e outras formas de lazer** da cidade. Explorar bem o entorno pode ser decisivo para o bom atendimento ao seu hóspede.

★ ★ ★

Um dia de fúria

A culpa não é do funcionário, nem do hotel, mas também não é o momento de achar culpados, e sim de oferecer soluções.

Uma solução poderia ser encaminhar o grupo rapidamente aos quartos, oferecer um suco ou qualquer outro agrado especial da casa – tudo que possa fazê-los esquecer do contratempo inicial.

Cuidar dos seus hóspedes é fundamental para fazê-los deitar em sua rede, sentirem-se bem-vindos e cheios de vontade de voltar sempre.

★ ★ ★

Entrevista com Isabel Veiga

Isabel Veiga chegou ao Brasil em 1975, quando iniciou sua carreira no grupo Othon. Passou pelo grupo Quatro Rodas, pelo Hotel do Frade e pelo grupo Accor, no qual atuou na área de marketing e, posteriormente, na de hospedagem. Hoje comanda dois restaurantes em Portugal e é consultora em hotelaria e gastronomia.

No dia a dia, o que resume "hospitalidade"?
Hospitalidade é deixar a pessoa feliz. Fazer com que a pessoa, mesmo sem estar na casa dela, sinta-se à vontade. Fazer com que a pessoa se sinta abraçada.

O que define um bom profissional?
Um bom profissional tem que ter comprometimento e dedicação. Desde a sua imagem, que deve ser mais neutra, entre o moderno e o tradicional, até a dedicação e paciência no atendimento.

É possível desenvolver uma carreira no mercado de turismo em nosso país?
Minha carreira foi toda desenvolvida no Brasil. Quando cheguei de Portugal, eu era uma profissional de marketing. O Brasil me deu as oportunidades no turismo e na hotelaria. Trabalhei muito, não ganhei nada de graça, mas foi o Brasil que me deu as oportunidades.

Que dicas você pode nos dar sobre os caminhos que levam a pessoa a se tornar um profissional bem preparado?
O profissional deve fazer uma opção por uma boa formação, ter uma boa base. Mas em nenhum momento deve achar que apenas por ter estudado já sabe de tudo. Procurar sempre estar em formação, se atualizando, buscando novos cursos. O mercado muda muito, e estar por dentro das tendências é importante. Não só na área de marketing, mas também no campo da hospitalidade, pois os conceitos estão sempre mudando. Temos que ser observadores com a preocupação de estar sempre atualizados.

Como desenvolver a parte prática?

Um bom exemplo é o do relojoeiro. Um relojoeiro nunca abre um relógio sem antes observar como ele funciona. Um surfista nunca entra no mar sem antes observar como está a água. Não adianta saber surfar muito e não observar para onde o mar está indo ou onde o mar está batendo. Observação é fundamental.

Que qualidades não podem faltar a quem deseja trabalhar, ou já trabalha, nessa área?

Dedicação, comprometimento e ética. Muita gente diz que todos temos um preço, mas não devemos nunca nos vender, e sim agir de acordo com princípios éticos que são fundamentais a essa profissão.

* * *

SUA VEZ

É hora de trocar experiências.

Usando a imaginação, você criou uma história a partir de três imagens relacionadas à ideia de hospitalidade (ver página 41). Nesse processo, você pode ter anotado dados, feito desenhos e conversado com outras pessoas.

Agora apresente sua história para todos e discuta com seu grupo os conceitos contidos nela.

* * *

CHECK-OUT

Está na hora de fechar a conta aqui no portal da hospitalidade, o segundo do nosso livro.

Esperamos que você tenha tido uma excelente experiência em sua estadia nestas páginas. Quem sabe, acima de suas expectativas!

Neste portal, buscamos aprofundar e contextualizar o conceito de hospitalidade e explicar como se criou uma longa rede produtiva com desafios e oportunidades.

É hora de seguir viagem. Não esqueça de colocar na sua bagagem os principais assuntos tratados aqui e tudo o mais que você pensou, lembrou, elaborou, conversou e pesquisou.

O bom profissional está sempre buscando mais informações. Indicamos algumas fontes que podem complementar seu estudo e ampliar seus conhecimentos.

* * *

Filmes

Título: *O Grande Hotel Budapeste.* **Diretor:** Wes Anderson. **Elenco:** Ralph Fiennes, Jeff Goldblum, Harvey Keitel, Tilda Swinton. **Ano:** 2014.

Sinopse: Baseado em escritos e na vida do grande autor austríaco Stefan Zweig. A rotina de um grande hotel do século XX e as muitas formas de lidar com as histórias que ocorrem. O filme narra a trajetória de um escritor que, já mais velho, vai morar em um hotel, conhece o proprietário e resolve se informar sobre sua história.

Título: *A festa de Babette.* **Diretor:** Gabriel Axel. **Elenco:** Stéphane Audran, Bodil Kjer, Birgitte Federspiel. **Ano:** 1987.

Sinopse: Babette é uma chef de cozinha parisiense que foge da repressão à Comuna de Paris, em 1871, para uma minúscula comunidade na Noruega. Chegando lá, começa a trabalhar na casa de duas solteironas, filhas de um severo pastor. Ela é muito bem recebida, mas sua presença provoca uma grande discussão ética no grupo de moradores da aldeia. Um dia a francesa descobre ter direito a uma grande fortuna e decide realizar um banquete, oferecendo o melhor de sua sofisticada arte culinária em agradecimento pela hospitalidade.

Livro

Título: *Ficando longe do fato de já estar meio que longe de tudo.* **Autor:** David Foster Wallace. **Ano:** 2013.

Sinopse: Coletânea de crônicas do autor, que inclui a fantástica "Uma coisa supostamente divertida que nunca mais vou fazer", um relato muito bem-humorado sobre os sete dias passados dentro de um cruzeiro de luxo pelas águas quentes do Caribe.

PORTAL 3

O ATENDIMENTO AO CLIENTE

CHECK-IN

Bem-vindo!

Esperamos que, ao ultrapassar este novo portal, você possa desfrutar ao máximo das informações que vamos compartilhar aqui. Que sua passagem por estas páginas possa ser útil e divertida, atendendo às suas expectativas.

Vamos falar sobre as melhores formas de atender ao turista com respeito e cordialidade. Afinal, cliente satisfeito volta sempre!

Temas tratados: **O respeito às diferenças | As regras para o bom atendimento | Comunicação com o hóspede | Ética profissional | Preparação do profissional para lidar com o cliente.**

O previsível jogo das expectativas

Alta temporada. Gilson espera ocupação máxima para os próximos meses. Além de um ótimo faturamento, quer repetir o prêmio de melhor pousada do ano em sua região.

Reginaldo, garçom, também está ansioso. Sua expectativa é pelas gorjetas, pois, se forem generosas como na temporada passada, vai dar para comprar a moto com que tanto sonha.

Marina, que nunca viajou, e sua tia Lúcia, que jamais deixou de viajar nas férias, estão contando os minutos para o paraíso.

No jogo das expectativas, Marina e sua tia não estão nem um pouco preocupadas com a ocupação da pousada ou com a motocicleta de Reginaldo. Esperam apenas ser bem acolhidas e viver uma experiência maravilhosa nas férias.

No previsível jogo das expectativas, tudo começa e termina no ótimo atendimento ao cliente. Todos sabem disso.

Nesse jogo, a pontuação é simples: quanto mais pontos se ganha no bom atendimento às expectativas do hóspede, mais ganham todos.

Nesse caso, não basta que os procedimentos-padrão sejam adotados. Isso é o mínimo que se espera de uma hospedagem profissional. É preciso ir além, para que o hóspede se sinta de fato bem acolhido.

No portal anterior, falamos muito de hospitalidade. Agora vamos ver a outra face dessa mesma moeda: o acolhimento. O ponto de vista do cliente, do hóspede, do turista.

A sensação de acolhimento está diretamente relacionada ao sentimento de aceitação pessoal, independentemente de etnia, nacionalidade, naturalidade, gênero, orientação política, orientação sexual ou diferença de qualquer outra natureza. Particularidades culturais ou físicas não podem interferir no atendimento. A sensação de acolhimento é importante para todos.

Diferença é o que não vai faltar no dia a dia de quem trabalha em meios de hospedagem.

★ ★ ★

Atendimento para todos

Nunca podemos esquecer que o turismo, por natureza, implica a troca de valores humanos.

Então, o primeiro atalho para o bom atendimento é nunca esquecer que estamos lidando com pessoas como nós, por mais diferentes que possam parecer. O segundo atalho é dar aos clientes um tratamento diferenciado e exclusivo. Assim, eles vão perceber que estão sendo considerados pessoalmente.

A seguir, apresentamos elementos que não podem faltar.

Simpatia e cordialidade

"Boa tarde, meu nome é Pedro. Qualquer coisa que o(a) senhor(a) precisar, pode me chamar. Estou à sua disposição. Muito obrigado!"

Nessa simples frase de apresentação podemos observar alguns detalhes básicos do atendimento:

- Ao se apresentar, diga sempre seu nome.

- Mostre que está à disposição; isso é importante para começar o relacionamento.

- Nada de muita formalidade, mas ser informal não quer dizer perder a noção dos limites de aproximação entre você e o hóspede.

- "Senhor", "senhora", nada de "você". A menos que o cliente prefira ser tratado dessa forma. O primeiro contato é importantíssimo. Sorria sempre. Fale diretamente olhando nos olhos da pessoa. Boa comunicação é tudo. Cuidado com gestos exagerados ou que possam parecer negativos. Nada de gírias, muito menos palavrões.

- Nunca relaxe na postura, em todos os sentidos. Não esqueça que a postura corporal reflete sua postura profissional. Uma boa apresentação diz muito sobre você.

- Procure sinceramente conhecer melhor o seu cliente, saber o seu nome e observar os seus gostos e critérios de valor. Esse é outro atalho para bem atendê-lo e surpreendê-lo. Hóspedes adoram boas surpresas.

Alerta: O relacionamento é pessoal, mas nunca esqueça que você representa a empresa em que trabalha e que está ligada a uma rede de hospitalidade.

Sinceridade, prestatividade, honestidade, etc.

"Dona Lúcia, por acaso a senhora não deu falta de nada?"

"Minha carteira!"

"Nosso motorista da van achou uma carteira enfiada em um dos bancos, com seus documentos e..."

"...e dinheiro!"

"Está tudo aqui. Quando puder, a senhora pode dar uma passadinha na recepção pra pegar. Tá comigo mesmo, meu nome é Anderson."

O que esta pequena cena pode nos mostrar? Valores bem humanos, como honestidade, responsabilidade, sinceridade, iniciativa. Sim, esses e outros valores, como cordialidade, prestatividade, boa educação, interesse pelo cliente e suas histórias e eventuais solicitações e reivindicações, também são básicos.

Em uma cena como essa da "carteira esquecida", que envolve bens materiais, nem se discute: a honestidade deve ser total. Mas a honestidade também deve estar no cumprimento de promessas aos clientes. Não faça promessas impossíveis de cumprir. Esse é um dos principais motivos para um funcionário estar sempre atualizado sobre o que o meio de hospedagem pode ou não pode oferecer.

Outro aspecto a se observar na cena da "carteira esquecida" é o da segurança. O cliente deve sempre estar seguro e sentir-se assim. Não só em casos dessa natureza, mas também em outras situações envolvendo valores não materiais, como informação e privacidade.

Alerta: Todos os clientes devem receber o melhor tratamento, sabemos disso. No entanto, muitas vezes somos traídos por nossos preconceitos. Para uma recepção hospitaleira, não pode haver espaço para preconceito nenhum. O turismo lida diretamente com as diferenças. Vive disso.

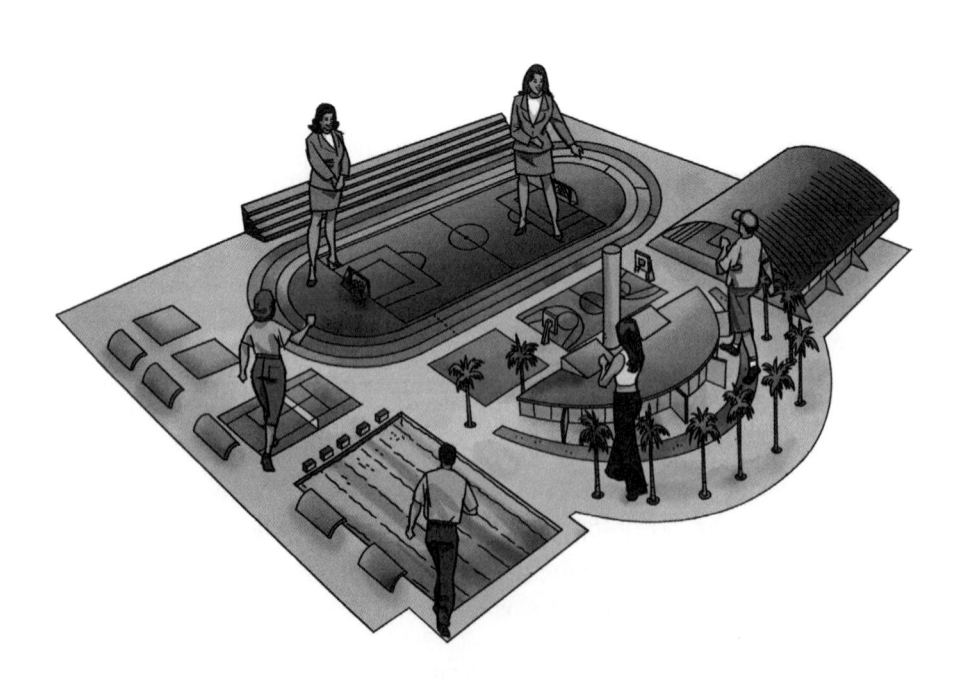

Para um bom atendimento

O que não fazer	Como agir
Deixar o hóspede esperando.	Seja ágil e focado no atendimento.
Dividir a atenção.	O hóspede é exclusivo. Atendê-lo conversando com outra pessoa ou mexendo no smartphone é falta de educação e mostra falta de atenção. Atitudes como essas aumentam a chance de algo dar errado.
Exceder na intimidade e nas brincadeiras.	Saiba se colocar limites.
Desentender-se com colegas de time.	Essa é a chamada "roupa suja que se lava em casa". Se o time não está coeso, o hóspede fica inseguro.
Dificultar as coisas ou deixar de oferecer soluções.	Seja positivo e proativo sempre.
Insistir demais.	Respeite os limites do outro.

Estereótipos e preconceitos

Ninguém viaja sem ter, no mínimo, uma ideia do que poderá encontrar no destino escolhido. O turismo vive de propagar a melhor imagem possível dos atrativos que os viajantes poderão desfrutar.

Em turismo, o desejo de viajar e a imagem do que possa ser a viagem estão sempre juntos. Porém... há sempre um porém, não é?

Às vezes, fazemos a imagem de um lugar, de pessoas, de grupos e de culturas que não correspondem à realidade. Por quê?

A resposta é simples. Algumas características externas de pessoas, de grupos e de destinos mexem com nossos conceitos, valores e preconceitos. É o que chamamos de estereótipos, quando tomamos a parte pelo todo.

Todo indiano faz jejum? Todo brasileiro joga futebol? Todo japonês adora fotografar, em vez de viver a experiência? Todo jamaicano usa cabelo dread?

Claro que não.

Superar estereótipos e preconceitos é um dos maiores desafios para promover países como destino de viagem. Os estereótipos alimentam percepções errôneas sobre um país ou região, até mesmo sobre pessoas. Um terremoto de alguns segundos pode causar mais impacto negativo do que o reconhecimento da cultura de uma região. Um problema diplomático pode marcar profundamente uma nação ou etnia.

O Brasil, por exemplo, não é apenas o país do samba e do futebol. Existem muitos Brasis dentro do Brasil, nós que aqui moramos e vivemos sabemos disso.

O preconceito é uma via de mão dupla. Assim como os visitantes podem chegar cheios de ideias preconcebidas sobre o que é o nosso país, nós também temos ideias genéricas sobre como é o país ou região de onde os turistas provêm, bem como sobre seus hábitos e temperamento.

Devemos ter em conta – sempre – que cada hóspede é único. O mesmo se aplica aos grupos. Um grupo de turistas vindos da Grécia, por exemplo, certamente será diverso de outro grupo do mesmo país que chegou ao mesmo meio de hospedagem, apesar de terem hábitos parecidos.

No turismo, você receberá pessoas das mais diferentes localidades e culturas. É fundamental fugir dos estereótipos e se livrar dos preconceitos para atender com carinho todos os hóspedes, sem distinção, sem discriminação. São pessoas que querem ficar encantadas com sua hospitalidade.

* * *

Uma luz sobre a acessibilidade

Glaucia é gerente geral de um grande hotel situado em um paraíso ecológico. O hotel acabava de se adaptar às normas mais modernas de acessibilidade. Agora o meio de hospedagem contava com rampas de acesso para cadeirantes, vagas reservadas para deficientes físicos, sinalização adaptada para cegos, corrimão e piso antiderrapante para quem possui mobilidade reduzida.

Assim que abriu as portas depois de sua reforma, Glaucia achou que os problemas com hóspedes portadores de deficiência estavam resolvidos. Ledo engano.

É fato que as obras facilitaram a vida dos cadeirantes, cegos e idosos que se hospedavam por ali, mas nem todos os funcionários do hotel tinham a real dimensão do que é viver diariamente com uma deficiência física. Não é nada incapacitante, apenas traz dificuldades de outra ordem, dificuldades que não estamos acostumados a enfrentar e, sendo assim, não sabemos como resolver.

Glaucia, profissional dedicada, gostava de ver de perto cada setor do seu negócio. Certo dia, caminhando pelos corredores enquanto os quartos eram limpos e arrumados, ela esbarrou com uma cena inusitada.

Luzia, jovem camareira do hotel, estava arrumando a cama de um dos quartos usando uma venda nos olhos. Enquanto a camareira tateava os lençóis, Glaucia chegou perto e perguntou:

— Luzia! O que você está fazendo com essa venda?! Como vai ficar essa cama?!

Luzia tirou a venda assustada.

— Desculpe, dona Glaucia, é que... veja bem...

— Veja bem? Você não estava vendo nada! – disse Glaucia.

— Sim, mas entenda, eu posso explicar. O hóspede desse quarto é um senhor cego e eu fiquei muito impressionada com a agilidade dele entrando e saindo do hotel. A senhora já viu?

— Sim, Luzia. Mas por que a venda?

— Veja, dona Glaucia. Eu quis colocar a venda enquanto fazia a cama para tentar entender como é a vida de quem não enxerga. Já pensou como deve ser difícil viver na escuridão?

Nesse momento, uma luz se acendeu na cabeça de Glaucia.

— Luzia! Você, com sua venda, abriu meus olhos e iluminou meus pensamentos.

Na mesma semana Glaucia implementou, junto ao setor de Recursos Humanos, um programa de treinamentos com os funcionários baseados na ideia de Luzia. Eram ações simples, como fazer parte das tarefas vendados, andar pelo hotel usando uma cadeira de rodas e coisas do tipo.

A ideia criativa da camareira e a atenção da gerente criaram um programa que aproximou os funcionários da rotina de quem vive com deficiências. Assim, além de suas ótimas instalações nos mais altos padrões de acessibilidade, o hotel se tornou uma referência no atendimento aos turistas portadores de necessidades especiais.

Viajar é estar livre para correr o mundo. Um mundo que foi pensado para um determinado tipo de pessoa. Em quantas salas de aula você só encontrou carteiras para destros? E como ficam os canhotos? Não é nada fácil fazer uma prova importante de mão trocada. Mas, ainda assim, um canhoto habilidoso pode conseguir se safar dessa situação.

No entanto, existem casos nos quais é necessário adaptar o seu empreendimento para aumentar o leque de pessoas que você pode receber com a devida dedicação. Como vimos, no hotel onde trabalham Luzia e Glaucia, as adaptações tornam muito mais fácil a vida de quem tem pequenas ou graves dificuldades. Saber como lidar com esses clientes pode ser um diferencial na sua profissão.

As necessidades especiais de um cliente podem ser auditivas, físicas ou motoras, visuais ou de mobilidade reduzida. Todo hotel de grande ou pequeno porte deve estar preparado para receber todos os hóspedes.

O site do Ministério do Turismo – http://www.turismoacessivel.gov.br – traz dicas importantes para hóspedes, empreendedores e hoteleiros.

✳ ✳ ✳

Cliente satisfeito sempre volta

- O bom atendimento conquista e torna o cliente inclinado a repetir a experiência. É nesse sentido que empresas de serviços operam: buscam fidelizar a clientela. O profissional deve estar afinado com as estratégias da empresa e empenhar-se, pessoalmente, para alcançar objetivos, como o de fidelizar o hóspede.

- O bom atendimento básico é indispensável, mas não necessariamente fideliza o hóspede. Há muitas maneiras de conquistar o cliente, uma delas é buscando surpreendê-lo. Mas cuidado! Surpresas repetidas deixam de ser surpresas.

- O profissional de turismo e hotelaria que pretende crescer na carreira precisa se interessar pelo mercado como um todo. Bem situado, o profissional de qualquer área pode atuar com muito mais segurança e eficiência.

- Como está o seu inglês? O mercado valoriza quem domina línguas estrangeiras e lida bem com regionalismos. Já reparou como gaúchos, por exemplo, falam e têm hábitos diferentes de pernambucanos ou mineiros?

- O cliente tem sempre razão.

Expectativas e insatisfações

Nunca dê motivos para o seu cliente ficar assim.

Independentemente do tipo de turista, uma coisa é certa: todos querem fugir da rotina — seja para descansar, seja para se lançar em uma aventura. Na hora de receber um hóspede, o mais importante é ter em mente que cada pessoa é única, mas todas chegam para desfrutar as férias com muita expectativa.

A maior expectativa de um turista é que seu período de viagem seja bem diferente do seu dia a dia.

Para uns, isso significa silêncio, descanso e boa comida. Para outros, desbravar territórios inexplorados com muitas caminhadas.

Para uns, o que vale é conhecer aquele cartão-postal sonhado. Para outros, a expectativa é de ter boas noitadas com muita música, dança e descontração nas melhores boates da cidade.

Como reconhecer a expectativa e os desejos de seus hóspedes para atendê-los da melhor forma possível?

Essa pergunta deve estar sempre no ar.

O profissional do turismo tem que oferecer sempre opções aos hóspedes, procurando conhecer suas expectativas e desejos.

★ ★ ★

Entrevista com Andrea Bentes Natal

Andrea Bentes Natal é diretora do hotel Belmond Copacabana Palace e professora universitária na área de hotelaria.

O que define um bom profissional?
O bom profissional de hotelaria deve gostar de ter contato com o outro. Gostar de acolher e de cuidar, saber conviver com pessoas, gostar de se comunicar e ter uma postura ética. Este é o bom "hoteleiro", aquele que está na linha de frente com o cliente.

Qual a diferença do mercado de turismo hoje para o passado recente no Brasil?
Antigamente os jovens que procuravam a hotelaria tinham a intenção de cair no mundo e ter contato com pessoas de todos os lugares. Hoje o mercado está mais exigente: quem quer trabalhar e se desenvolver na hotelaria deve falar outra língua, ter conhecimentos de informática,

buscar fazer uma faculdade. O mercado hoje tem mais opções, mas ao mesmo tempo é mais exigente.

QUE CAMINHOS PODEM LEVAR UMA PESSOA A SE TORNAR UM PROFISSIONAL BEM PREPARADO?
A formação é muito importante. Buscar se aprimorar. Antigamente os grandes chefs de cozinha ou profissionais de chefia eram todos expatriados – estrangeiros que vinham para o Brasil com sua experiência. Hoje temos redes nacionais formadas basicamente por profissionais brasileiros. Você encontra no Brasil mão de obra capacitada, pois todos passaram por uma capacitação, um treinamento, uma formação.

COMO DESENVOLVER AS HABILIDADES PESSOAIS?
É fundamental desenvolver os talentos individuais. O que costumamos fazer aqui no hotel é enviar nossos profissionais para outros hotéis no Brasil e no exterior. Fizemos isso com nossa governanta ultimamente. Mas qualquer pessoa, em qualquer posição, tem que estar atenta ao que acontece fora. Trazer novas experiências e um novo ar para dentro.

QUE QUALIDADES NÃO PODEM FALTAR A QUEM DESEJA TRABALHAR, OU JÁ TRABALHA, NESSA ÁREA?
Disciplina é algo que não pode faltar. Tem que ser uma pessoa acolhedora, bem-educada, profissional e entregar aquilo que promete. Temos muitos funcionários comprometidos, organizados e disciplinados. O profissional de hotelaria deve ler jornal todos os dias, saber da história da cidade e do hotel, estar antenado com tudo que está acontecendo no mundo. Afinal, recebe-se hóspede de todos os lugares.

★ ★ ★

Comunicação é tudo

O corpo fala. Por isso temos de estar atentos às nossas mensagens. Há situações em que falar por meio de gestos pode contribuir para o bom atendimento ao hóspede. Veja o caso da Zefinha.

Zefinha era muito tímida. Ela foi trabalhar como arrumadeira na pousada que abriu na sua cidade. Quase não participava das brincadeiras e conversas das pessoas de sua idade. Mas tinha um jogo que ela adorava: fazer mímica. Acertava sempre e fazia mímicas que seus grupos sempre adivinhavam com facilidade.

Um dia, na pousada, hospedou-se Igor, um russo que não falava nenhuma outra língua, só o russo. Ninguém conseguia decifrar suas demandas. Até que alguém se lembrou de Zefinha, que, com o dom da comunicação não verbal, tirou a história de letra.

Durante toda a estadia de Igor na pousada, Zefinha foi uma espécie de anjo da guarda. Todas as demandas do moço eram sempre bem atendidas. No final da estadia, Igor diz uma frase em russo e, mais uma vez, ninguém entende. Alguém pergunta: "O que foi que ele disse, Zefinha?". E ela, entendendo tudo, responde: "Ele promete voltar no ano que vem"!

O valor de ouvir, falar e se expressar

Ouvir as expectativas dos clientes é fundamental para identificar seus anseios e eventuais reclamações de falhas que precisam ser corrigidas no meio de hospedagem, facilitando o planejamento e a implantação de um programa de atendimento com qualidade, até mesmo personalizado, em determinados casos.

A busca pela identificação dos valores mais apreciados pelos clientes é fundamental para alcançar as metas de atendimento com qualidade.

A postura do funcionário se torna o foco da atenção dos hóspedes e/ou clientes que cheguem ao hotel, por isso deve-se ter atitudes proativas, por exemplo, ver no colega de trabalho um cliente (um cliente interno) que partilha a responsabilidade do serviço com você. Isso se reflete no visitante, que percebe o trabalho colaborativo e harmônico da equipe.

O fato de dividir as responsabilidades, os problemas, as conquistas com os colegas, faz com que o grupo se mantenha afinado, proporcionando a harmonia do ambiente que conquista os clientes.

A elegância deve estar sempre presente em todas as relações. A comunicação efetiva é fundamental – nosso cliente externo percebe essa interação. É um valor essencial e deve nortear o atendimento a todos os hóspedes.

A comunicação é crucial para que todo o processo de encantamento do cliente se inicie ou se encerre. A maneira como as pessoas se comunicam, quer seja de forma verbal ou não verbal, reflete nos relacionamentos.

Um profissional que se comunica mal destrói a possibilidade de "registro do casamento" entre o que o hóspede encomendou e o que lhe foi entregue. O olhar agressivo, o gesto de desdém e a postura desleixada podem afastar qualquer possibilidade de encantamento do cliente. Afinal, o corpo fala.

Quanto à comunicação verbal, é preciso estar atento à forma correta da língua, evitando o uso de gírias e/ou linguagem coloquial. A formalidade é um importante aspecto do contato com os clientes.

Fique atento: ouvir e falar é fundamental. Mas deve-se ouvir primeiro, com atenção, entender o que o cliente está querendo e certificar-se de que compreendeu a mensagem. Não convém agir sem ao menos aguardar o cliente terminar de falar. É aí que os erros começam a acontecer.

Ouvir é o primeiro passo para uma boa resposta.

* * *

Aproveite a onda da mímica e exercite com seus amigos as características do bom atendimento ao turista. Repare que algumas dessas características estão destacadas ao longo do portal. Existem outras. O jogo pode seguir as regras da brincadeira de mímicas tradicional, só que em vez de nome de música ou filme, o jogador vai representar palavras que identificam o bom atendimento. Por exemplo: honestidade, responsabilidade, sinceridade, iniciativa, comunicação, postura profissional, etc.

Jogo da mímica

1. Primeiramente, dividam-se em duas equipes. Em pedaços de papel, escrevam palavras que fazem parte do bom atendimento e realizem um sorteio entre os participantes dos dois grupos. Cada jogador recebe apenas uma dessas palavras e não poderá revelar, para ninguém, qual é.

2. Por meio de gestos, cada jogador deverá representar a sua palavra para sua própria equipe, que deverá descobrir que palavra é essa.

3. A equipe que acertar mais será a vencedora.

Bom jogo!

* * *

Redes e atendimento

Já dissemos que o mundo funciona cada vez mais em rede. Na verdade, em redes. E isso é determinado pela própria necessidade das pessoas de expandirem suas relações e das empresas, cada vez mais focadas em suas competências específicas, de se articularem com outras que possam complementar o fluxo produtivo. No turismo, que atua como uma indústria com base em serviços, isso fica bem claro.

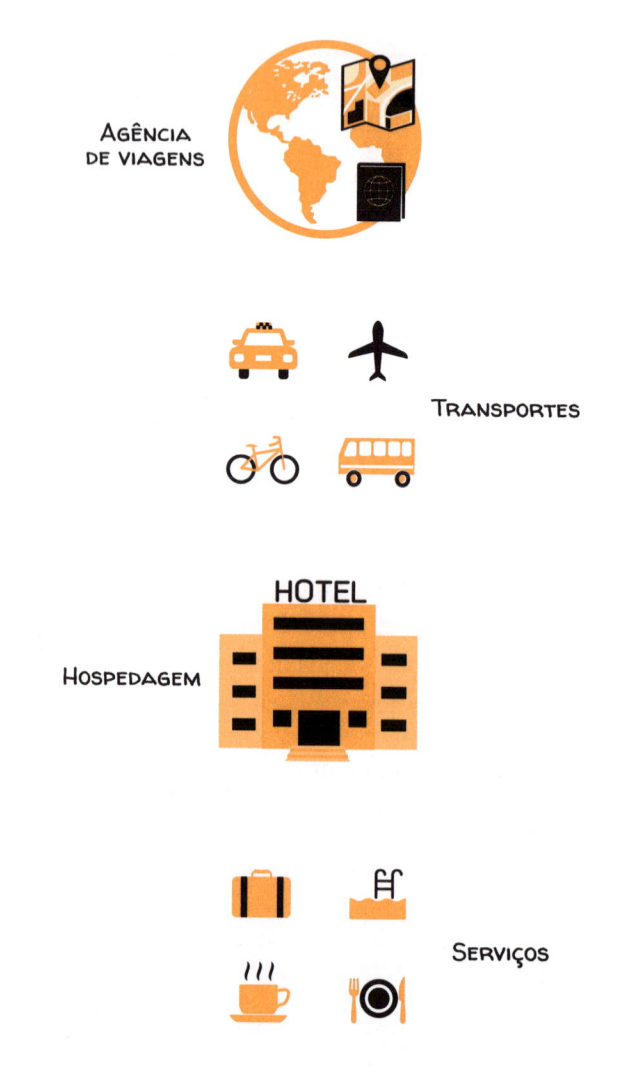

AGÊNCIA DE VIAGENS

TRANSPORTES

HOSPEDAGEM

SERVIÇOS

Vejamos um exemplo: uma empresa de transportes especializada em traslados e excursões turísticas precisa estar em contato com agências de viagem, outras empresas de transporte e grandes e pequenas redes de hospedagem. Funciona, portanto, em rede.

Mas o fato de fazer parte de uma rede não significa que haja um gestor regendo essas conexões. As redes no turismo, assim como as redes sociais eletrônicas, em geral são informais e criam seu próprio fluxo. Daí, para que possam funcionar de forma sustentável, relativamente harmônica e efetivamente produtiva, precisam estabelecer padrões que auto-orientem esses fluxos. Cabe aos participantes da rede cuidar para que esse rito e combinações sejam cumpridos, sob pena de a rede deixar de ser solução e virar problema.

Basta que um ponto de uma dessas redes não funcione para que todo o atendimento aos clientes fique comprometido. Um hóspede, turista ou cliente insatisfeito uma única vez é capaz de desconsiderar todas as coisas boas e ótimas que experienciou.

As empresas e os profissionais nunca podem perder de vista que este é o objetivo final de todos: a satisfação dos clientes.

Mas se o profissional foi bem preparado para ocupar a função, e os sistemas foram exaustivamente pensados e testados, por que continuam existindo falhas no fluxo de atendimento?

A resposta a essa questão não é simples, mas temos algumas pistas a seguir. Quando ocorrem falhas no atendimento, quase sempre há um problema de comunicação, um ruído, algo que não ficou muito claro. Ou ocorre um conflito de interesses ou um erro de interpretação sobre procedimentos. Podem acontecer enganos também, às vezes, cometidos com a melhor das intenções, visando manter um padrão preestabelecido ou a própria segurança dos clientes.

As falhas devem ser avaliadas caso a caso. Mas de uma coisa não se pode esquecer: o cliente deve ser ouvido com respeito e interesse; o cliente deve receber atenção por parte do profissional de turismo e ter de imediato soluções para suas demandas. Os erros levam empresas a crescer e a melhorar o atendimento. Os argumentos dos clientes devem ser considerados. Se um cliente pensa de determinada maneira, outros poderão pensar da mesma forma em situações parecidas. Tudo deve ser encarado como experiência de trabalho.

Importante: o cliente, hóspede ou turista precisa sentir que alguém está ao seu lado visando à solução do problema.

Dizem que de filho feio ninguém quer ser pai. Mas responsabilidade é o básico.

O cliente nunca pode sair perdendo. E não podemos esquecer que nesse jogo o cliente nunca ganha sozinho.

* * *

Pense nisto:

Uma questão de ética

— Pousada Sol Eterno, recepção, bom dia! Samuel falando.

— Olá, Samuel. Meu nome é Vânia e estou ligando para ter mais informações. Pela internet achei tudo lindo.

— Um espetáculo mesmo, dona Vânia. São as melhores praias deste litoral!

— Maravilha! É isso que eu procuro, mas não achei muita informação sobre a vida noturna daí. Sabe que eu quero ficar no paraíso, mas à noite adoro música, conhecer pessoas, dançar. Existe alguma vida noturna aí na Praia do Sol?

Neste momento da nossa história, Samuel, que andava preocupado com o pouco movimento na pousada, teve que tomar uma decisão: ou falava a verdade ou fingia estar falando, para não correr o risco de perder a reserva.

— Quanto a isso, não se preocupe. No centrinho da cidade, bem perto daqui, a senhora vai encontrar muitas opções de lazer: bons bares, restaurantes, música ao vivo. Nossos hóspedes costumam gostar muito. A galera é muito animada.

— Óimo! Então gostaria de fazer uma reserva...

Ao chegar na Praia do Sol, Vânia ficou encantada. A natureza exuberante, a pousada confortável, altíssimo astral, boas instalações, mas... o centrinho da cidade não era tão próximo assim, e a pousada não dispunha de transporte próprio. Só se chegava lá de carona ou de táxi, um único táxi.

No centrinho, Vânia constatou que havia apenas dois bares e um restaurante com música ao vivo, que só ficavam abertos até às 23 horas. Conduções: nenhum ônibus, um único táxi caríssimo. Não era isso que Vânia esperava.

— E a galera é animada?

— Galera da melhor idade? Idoso adora isso aqui. Quem quer agito procura logo a Vila do Pôr do Sol. A senhora não confundiu, não? — tentou consolar o taxista.

Furiosa e sentindo-se enganada pelo recepcionista, Vânia decide procurar sua turma. Publicou um comentário enorme em uma rede social contando todo seu desapontamento.

Se Samuel tivesse contado a verdade na hora do primeiro contato, teria evitado todo esse estresse. Na verdade, ele forçou a barra. Vendeu um produto inexistente. Ao distorcer as informações, Samuel feriu um princípio básico da ética profissional: a honestidade.

Veja o que diz o *Código de Defesa do Consumidor* sobre os direitos básicos de quem compra um produto ou serviço:

> III — A informação adequada e clara sobre os diferentes produtos e serviços, com especificação correta de quantidade, características, composição, qualidade e preço, bem como sobre os riscos que apresentam;
>
> IV — A proteção contra a publicidade enganosa e abusiva, métodos comerciais coercitivos, ou desleais, bem como contra práticas e cláusulas abusivas ou impostas no fornecimento de produtos e serviços.[1]

O que Samuel fez não foi grave, mas foi antiético e causou um grande transtorno à hóspede. Desrespeitou e desconsiderou a expectativa do cliente, que nunca mais vai voltar lá.

Um turista insatisfeito é a pior propaganda que existe.

Samuel escapou de ser despedido. Mas como toda crise significa também uma oportunidade, o recepcionista convenceu os donos da pousada a estudar novas maneiras de tornar a Praia do Sol ainda mais atraente e está colaborando na elaboração do projeto.

Afinal, quem faz o turismo é gente como a gente.

---

1 Fundação Procon SP. *Código de Defesa do Consumidor*, artigo 6º do capítulo III. São Paulo: Procon, 2016.

Ética para agir bem

Ética é uma palavra que vem do grego *ethos* e significa hábito ou costume. A ética tem seus fundamentos na filosofia clássica. Os filósofos da Antiguidade buscavam fundamentação teórica para encontrar um melhor modo de viver e conviver em sociedade.

Moral e ética são temas relacionados, mas são diferentes, porque a moral se fundamenta na obediência a normas, costumes ou mandamentos culturais, hierárquicos ou religiosos, e a ética busca fundamentar o modo de viver pelo pensamento humano.

Ser ético é agir bem, é não prejudicar o próximo. Ser ético é cumprir os valores estabelecidos pela sociedade em que se vive. Ser ético é não fazer ninguém sofrer.

O indivíduo que tem ética profissional segue os princípios determinados pela sociedade e por seu grupo de trabalho.

No ramo da hotelaria, podemos destacar alguns pontos que são fundamentais para uma conduta ética na prática profissional:

- presteza e competência no fornecimento dos serviços;
- educação e cordialidade;
- confiabilidade por meio do cumprimento dos serviços;
- credibilidade e honestidade.

★ ★ ★

Entrevista com Rosane Lucas

Rosane Lucas é supervisora de concierge do Hotel Marriott Rio de Janeiro. Foi premiada, em 2016, pelo comitê executivo do hotel por excelência em serviço Marriott, um prêmio disputado pelos associados entre todos os 5.270 hotéis da rede. Há 24 anos trabalha no mercado hoteleiro.

Em grandes hotéis, o setor de concierge vem ganhando importância. Qual a sua função?

O concierge cuida dos hóspedes, muitas vezes até antes de chegarem ao hotel, se comunicando por e-mails, marcando tours, etc. Mas é preciso estar atento ao que quer o hóspede: se ele prefere um tour privativo ou regular, em uma van ou em um jipe aberto. Cada hóspede é único e tem suas vontades. Não adianta querer empurrar uma coisa para um cliente se ele deseja outra. Isso não se faz.

Qual a diferença entre o recepcionista e o concierge?

O setor de concierge cuida do hóspede desde a chegada até sua saída. Não é só fazer check-in e check-out, isso é o papel da recepção. Em hotéis de menor porte, o recepcionista acaba sendo também o concierge, aquele profissional que tira dúvidas e está ali para ajudar o hóspede no que ele precisar.

Como se preparar para prestar um bom atendimento ao turista?

É importante escutar e estar atento ao cliente. Se um hóspede pergunta o que tem para comer, a primeira pergunta que você deve fazer é: "Que comida o senhor prefere?". Se ele gosta de frutos do mar, não é possível indicar uma churrascaria. Por mais que você adore carne e conheça um maravilhoso restaurante, o seu gosto não importa agora. Você deve saber tirar do cliente o que ele quer. Se ele perguntar sua opinião, aí sim você está livre para dizer qual o melhor restaurante da redondeza, por exemplo. Mas, fora isso, você deve estar 100% atento para atender ao desejo do cliente.

* * *

Neste portal, você aprendeu como o turismo se dá por meio de uma intensa relação de trocas, em que o outro é peça fundamental.

Viu também que cada hóspede é um universo único em si, e o atendimento deve ser sempre exclusivo e sem preconceitos.

O atendimento foi outra parte importante deste portal. Como se apresentar, se comunicar e atender às expectativas do cliente.

* * *

Filmes

Título: *Faça a coisa certa.* **Diretor:** Spike Lee. **Elenco:** Danny Aiello, Ossie Davis, Ruby Dee. **Ano:** 1989.

Sinopse: Um filme sobre diferença e preconceito. Uma pizzaria do Brooklyn, em uma área pobre de Nova York, é comandada pelo ítalo-americano Sal. Ele decora as paredes da pizzaria com fotos de outros ítalos-americanos famosos no esporte e no cinema. Isso desagrada à população local, formada, majoritariamente, por negros. Sal entra em conflito com o ativista Buggin' Out. Em Nova York, quando o clima fica quente, a coisa pode não terminar bem.

Título: *O hotel de um milhão de dólares.* **Diretor:** Wim Wenders. **Elenco:** Mel Gibson, Jeremy Davies, Milla Jovovich. **Ano:** 2000.

Sinopse: O filho de um ricaço morre dentro de um hotel decadente, e um policial chega ao hotel para investigar a vida dos seus estranhos hóspedes e saber se foi suicídio ou um crime encomendado.

Título: *Hotel Transilvânia.* **Diretor:** Genndy Tartakovsky. **Elenco:** Adam Sandler, Kevin James, Andy Samberg. **Ano:** 2012.

Sinopse: Uma divertida animação passada em um hotel montado pelo Conde Drácula, para que os monstros do mundo todo se refugiassem dos seres humanos.

Livro

Título: *A escrava Isaura.* **Autor:** Bernardo Guimarães. **Ano:** 1875.

Resumo: Livro do escritor Bernardo Guimarães que se transformou na mais famosa telenovela brasileira no exterior, estrelada por Lucélia Santos. Na trama, passada na segunda metade do século XIX, no Brasil, Isaura é filha de uma escrava negra com o seu senhor. Isaura nasce branca, mas, por ser filha de uma escrava, deve ser considerada escrava. A confusão entre cor da pele e descendência desencadeia uma série de desventuras na vida da personagem.

Site

Procon RJ. *Código de Defesa do Consumidor.* 11 set. 1990. Disponível em: <http://www.procon.rj.gov.br/index.php/legislacao/detalhar/49>. Acesso em: 19 out. 2017.

PORTAL 4

O TIME: A ALQUIMIA DO SUCESSO

Bem-vindo ao portal das pessoas, dos grupos e das equipes que trabalham com turismo e hospitalidade. Você vai se reconhecer aqui. Vamos tratar especialmente de pessoas e suas relações.

Aqui você vai ver que quando o trabalho é feito em equipe, os resultados vêm mais rápido e de forma segura.

Temas tratados: **A importância de fazer parte de uma equipe | Cargos e funções em hotelaria | A rede de clientes internos | Virtudes e dificuldades nos relacionamentos | Motivação | Solução de conflitos**.

A alquimia do atendimento

O mercado da hospitalidade, em qualquer de seus segmentos – meios de hospedagem, agências de viagem, empresas de transportes, restaurantes e os demais serviços que fazem parte dessa enorme rede –, depende fundamentalmente de pessoas.

Essa grande engrenagem se apoia na qualidade e no preparo dos profissionais.

Parece óbvio que seja assim, mas nesse mercado não temos robôs trabalhando como na indústria de carros, por exemplo, nem funcionários de telemarketing que possam orientar consumidores teclando um, ou dois, ou cinco; muito menos vídeos esclarecendo onde ficam as saídas de emergência. Aqui o relacionamento é direto em tempo integral, do primeiro "seja bem-vindo" ao definitivo "volte sempre". E tudo tem que funcionar.

Como costuma acontecer na natureza, e também nas invenções humanas, os bons resultados começam "dentro": dentro de casa, dentro das empresas, dentro da gente.

Uma frondosa árvore sempre tem fortes raízes, um edifício majestoso tem profundas estruturas e fundações. A beleza que vemos por fora, e que cada pessoa julga de forma diferente, também é de dentro que se origina.

Verdades tão antigas e universais merecem a nossa atenção.

Como o objetivo principal do profissional de turismo e hospedagem é atender bem seus clientes externos – turistas, hóspedes, etc. –, podemos deduzir que esse bom atendimento começa muito antes da chegada do cliente, e não vai embora com ele. O bom atendimento é quase uma forma de ver a vida.

O profissional da área de turismo e hospitalidade precisa considerar os seus clientes internos com o mesmo cuidado: seus colegas de trabalho, parceiros, gerentes e subordinados na hierarquia da empresa e da equipe da qual participa.

"A união faz a força!" é uma frase que ouvimos desde criança. Mas com o tempo aprendemos que, para haver união e força, precisamos saber nos unir e somar nossos esforços em função de um resultado comum.

O termo "união" pressupõe que as pessoas saibam conviver e se aceitar. É essa união que nos permite incorporar e harmonizar nossas pequenas forças e produzir energia para alcançar nossos objetivos.

Estamos falando do seu, do nosso time; da equipe, banda ou outro nome que represente um grupo de pessoas.

Ninguém ganha nada sozinho, nem no esporte, nem na arte, nem na vida. Em hospitalidade é assim também. Uma equipe articulada é a base do bom atendimento e do sucesso.

★ ★ ★

A banda, um time perfeito

João, Paulo, Jorge e Caboclinho formavam a melhor banda pop sertaneja da região. Tinha ainda a Jenifer, a Tina e a Elisete. Um time de respeito: Paulo no acordeom, João e as meninas nos vocais, Jorge na guitarra e Caboclinho na bateria. Não eram os Beatles, mas sabiam se respeitar e se completar, explorando sempre as melhores qualidades de cada um e buscando superar seus limites para produzir música de boa qualidade. O resultado, de fato, era ótimo. Quem ouvia adorava.

Tentaram seguir carreira, mas Riachãozinho do Alegre ficava na roça, e a garotada desistiu do sonho e foi cuidar cada um da sua vida.

Algum tempo depois foi instalada uma pousada na região. Toda ecológica, energia solar, alimentos orgânicos, opções de lazer sustentável, caminhadas, trilhas e... oportunidade e emprego para todos.

Os meninos e meninas da banda passaram por todos os testes de aprovação, receberam treinamento, combinaram salários e começaram a trabalhar.

Mas quem foi que disse que eles se entendiam? Paulo e Jenifer brigavam na cozinha, e brigavam também com Tina, que era garçonete e sempre reclamava que o pedido estava errado. João, que ficou de recepcionista, sentia-se superior e brigava com todos. Até Elisete e a mãe, que ficaram na governança, tinham seus momentos de estresse.

O gerente teve que reunir o grupo e "dar uma chamada", pedir explicações. Todo mundo ficou mal.

Ângela, mãe de Elisete, experiente, lembrou então dos tempos da banda:

– É a mesma coisa do tempo da banda, gente! É preciso que uns confiem nos outros, aceitem as limitações, não sejam grosseiros; afinal, vocês todos estão começando. Ajam pensando mais no time, na equipe. É assim que todos ganham. Aqui somos todos clientes uns dos outros, não se esqueçam disso. E, se vocês esquecerem, fiquem certos de que os clientes de fora, os hóspedes, vão reparar. E isso não vai ajudar em nada para os hóspedes se sentirem bem atendidos.

O pessoal mudou de atitude, conversou, "lavou a roupa suja", combinou procedimentos, estabeleceu limites... e a banda voltou a tocar afinada e com alegria.

O show foi lindo. Encantou a todos. Os solistas impressionaram pela qualidade, e a apresentação foi um grande sucesso. O público saiu impactado, emocionado e sem saber de todo o trabalho que deu chegar àquele resultado.

Isso ocorre também nas artes cênicas e nos esportes. Os bons resultados começam dentro de cada participante, do mais consagrado artista ao mais humilde dos colaboradores. Exige muito trabalho, comprometimento e dedicação. Em qualquer atividade, ninguém ganha nada sozinho. Nas artes e nos esportes, isso é fácil de ver, mas a importância do trabalho em equipe está em toda parte.

No dia a dia das empresas de turismo e hospedagem, também é assim: sem um bom time fica quase impossível prestar um atendimento de excelência.

> SEMPRE QUE POSSÍVEL, TENTO SER POSITIVO. NADA COMO PODER AJUDAR UM COLEGA ENSINANDO ALGUMA COISA, INCENTIVANDO OU ESTIMULANDO A SUPERAR UM DESAFIO. NÃO É FAVOR. EQUIPE É ASSIM: GANHA UM, GANHAM TODOS.

IVAN CORREA, RECEPCIONISTA

> TEM GENTE QUE GOSTA DE VER O CIRCO PEGAR FOGO. OUTROS FICAM PELOS CORREDORES RECLAMANDO OU BOTANDO A CULPA EM ALGUÉM. ISSO NÃO ADIANTA. É CONVERSANDO QUE A GENTE SE ENTENDE, GENTE!

JUREMA DE SOUZA, CAMAREIRA

> PROCURO SEMPRE OUVIR E RESPEITAR A OPINIÃO DO MEU PESSOAL. ACHO QUE OUVIR É UMA FORMA DE VALORIZAR A PARTICIPAÇÃO DE TODOS. ALIÁS, SEMPRE SURGEM BOAS IDEIAS QUANDO OUVIMOS QUEM ENTENDE DO ASSUNTO.

LEANDRO ALMEIDA, CHEF DE COZINHA

Sem uma equipe bem escolhida, bem treinada e motivada, dificilmente chegamos à meta maior de encantar e fidelizar nossos clientes.

As empresas – hotéis, pousadas e demais meios de hospedagem, bares, restaurantes, firmas de transportes, agências e quaisquer outras – investem cada vez mais na formação de suas equipes. Para isso, precisam contar com pessoas comprometidas com o trabalho, capazes de interagir de forma produtiva entre si; pessoas que tenham espírito de cooperação e união, e que acreditem no crescimento do time como uma alavanca para o crescimento de cada um.

★ ★ ★

O primeiro passo para chegar ao bom trabalho em equipe é acreditar que é necessário cooperar com outras pessoas para obter bons resultados. Em uma equipe, todos se completam e todos crescem. As pessoas se complementam, cada uma dando sempre o seu melhor.

O segundo passo é o comprometimento. Um profissional comprometido procura vencer as dificuldades que surgem, assim como suas próprias barreiras pessoais ou de qualquer outra natureza, em função do time.

Vícios e virtudes capitais no relacionamento da equipe

Em turismo e hospitalidade, o que faz a diferença é você. Você, eu, cada um de nós. E se for verdade que "de perto, ninguém é normal",[1] a primeira providência a se tomar é disponibilizar nossas qualidades e minimizar os defeitos para interagir com as outras pessoas de forma educada e profissional. São essas características que vão estar em jogo, ajudando ou complicando a nossa vida (e a de todos).

---

1 Verso de Caetano Veloso em "Vaca profana", *Totalmente demais*, Philips Records, 1986.

Selecionamos algumas qualidades as quais chamamos de "vícios e virtudes capitais". Na verdade, são características humanas, e todos nós as temos em maior ou menor proporção.

Por isso mesmo são relativas e podem "magicamente" mudar de lado, dependendo da situação. Uma grande qualidade pode se tornar um defeito, conforme a circunstância. Por exemplo, qual seria o limite entre paciência e passividade (falta de iniciativa) diante de um problema; ou entre teimosia e persistência; vaidade e autoestima; e assim por diante?

Os acontecimentos determinam demandas e, por mais parecidos que sejam, são sempre únicos e exigem soluções diferenciadas. Quando o tema é relacionamento humano, não existem receitas prontas.

Ao observar esses "vícios e virtudes", não podemos desconsiderar isso.

Vale lembrar também que é dos conflitos de ideias e de maneiras de agir que nascem as grandes mudanças e inovações pessoais, sociais e profissionais.

Só nos resta, então, buscar ter bons relacionamentos profissionais: positivos, criativos, respeitosos, leais, atentos às necessidades de nossos clientes internos e externos, sinceros e dedicados.

Os bons resultados, o crescimento da equipe e o desenvolvimento pessoal e profissional de todos é consequência.

Nessa pequena história, temos um prato cheio de falhas.

A camareira, dona Ângela, não tem nenhum espírito de equipe ou está completamente desmotivada. Certamente passou por um processo de seleção, recebeu treinamento, teve tempo de entender as prioridades e os critérios de valor do hotel onde está trabalhando. Conhece bem os padrões operacionais da empresa e faz seu trabalho como ninguém, mas, pelo menos nessa história, recusou-se a participar do esforço coletivo para que um hóspede fosse bem atendido.

Uma das vantagens do trabalho em equipe é que, convivendo com as diferenças, a pessoa pode desenvolver o autoconhecimento, indispensável à boa convivência e ao próprio crescimento profissional. Características pessoais, bem como diferenças interpessoais, tendem a ser ajustadas e superadas em função de bons resultados do time. Mas é preciso que cada um faça sua parte para que possam ocorrer as mudanças e os ajustes. Isso exige trabalho e atitude.

Vícios

Listamos aqui algumas características e diferenças que costumam interferir no bom relacionamento:

Fatores pessoais

Preconceito: Como já dissemos, em hospitalidade não há espaço para preconceitos nem em relação aos clientes externos – hóspedes, turistas, etc. –, nem em relação aos colegas de trabalho, também chamados clientes internos.

Grosseria: Nada justifica tratar as pessoas de forma agressiva e mal-educada. Quem é que gosta de maus tratos?

Teimosia: Uma atitude crítica quanto a essa ou aquela orientação ou procedimento não pode ser confundida com teimosia.

Sensibilidade exagerada: Reagir exageradamente a situações, sem necessidade.

Diferenças e antagonismos

Percepções: É comum as pessoas perceberem fatos e procedimentos de forma diversa. Afinar e compatibilizar essas diferenças faz parte do dia a dia da equipe.

Valores: Todos nós temos nossos valores, nossos critérios de julgamento. Entender e respeitar os valores dos outros é tão importante quanto exigir que respeitem os nossos. Em geral, os resultados determinam os limites dessas diferenças.

Interesses: Compatibilizar interesses é sempre difícil, mas, em uma equipe, os interesses do grupo estão acima dos interesses pessoais.

As armadilhas do ego

Competição/luta por *status* ou poder/vaidade. A competição natural entre membros de um time não pode superar o sentido de cooperação em relação a atender as demandas do cliente, hóspede, turista e dos clientes internos. Protagonismo, prestígio, evolução no emprego são ambições naturais, mas vêm com os bons resultados do time.

Virtudes

- Procurar compreender o outro e as suas razões.
- Ficar atento à expressão não verbal (o que as pessoas não demonstram com palavras).
- Saber se colocar abertamente, sem magoar ou julgar ninguém.
- Compartilhar informações e ajudar a desenvolver ideias (as suas e as de outros).
- Apoiar-se em dados reais.
- Ser ético em qualquer situação, sem ficar querendo tirar vantagem.
- Apoiar as decisões tomadas por consenso.

★ ★ ★

Atenção às conexões

Olhando o organograma de cargos a seguir, dentro de um hotel, é possível observar como as áreas se interconectam.

A cozinha, por exemplo, é um ponto central que conecta o restaurante, o bar ou os bares do hotel, o serviço de quarto, o refeitório dos funcionários e os banquetes e outros eventos que possam acontecer.

Se você é camareira, por exemplo, tem que estar diretamente conectada com seus colegas da lavanderia, da rouparia, da sua gerência de governança e outros profissionais dos quais o seu trabalho depende, e vice-versa.

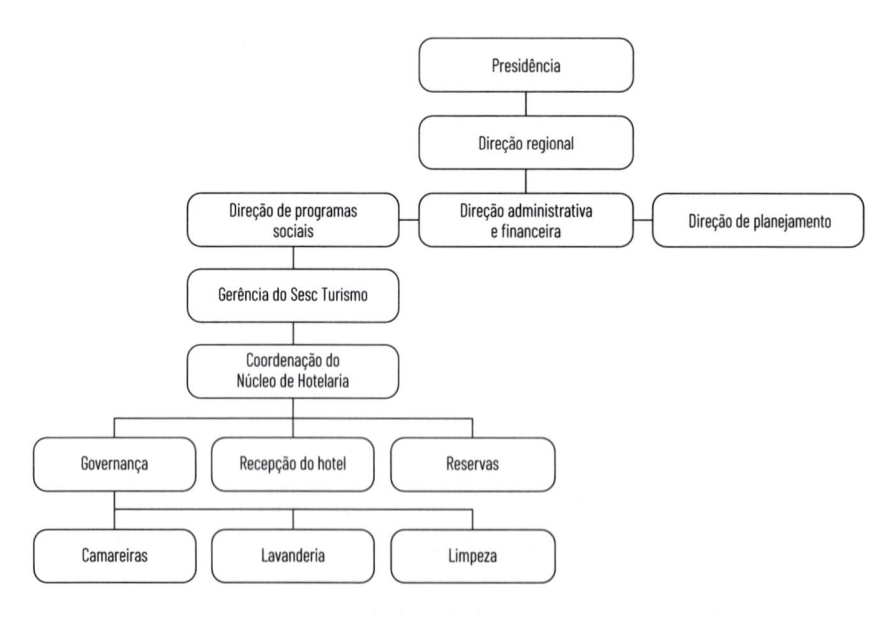

```
                          Presidência
                              |
                        Direção regional
                              |
      ┌───────────────────────┼───────────────────────┐
Direção de programas    Direção administrativa    Direção de planejamento
      sociais              e financeira
      |
Gerência do Sesc Turismo
      |
Coordenação do
Núcleo de Hotelaria
      |
  ┌───────────┬───────────┐
Governança  Recepção    Reservas
             do hotel
      |
  ┌───────────┬───────────┐
Camareiras  Lavanderia  Limpeza
```

O turismo é composto de grandes e pequenos serviços que se articulam, visando a um objetivo final. O bom relacionamento entre os profissionais que prestam esses serviços influi diretamente no bom atendimento ao cliente final. Por isso, é importante que, ao longo do processo, todos se tratem como clientes internos, agindo com o mesmo cuidado e atenção dispensada aos clientes externos. Assim todos ganham.

Saber conectar-se é valor nesse nosso mercado.

* * *

Jeremias e suas conexões

Jeremias é garçom no restaurante de um hotel. Diariamente, faz a ponte entre cliente e cozinheiro. Vamos dar um *zoom* e observar de perto um pouco da sua rotina.

Agora ele acaba de anotar os pedidos da mesa sete. Não foi fácil entender o que o grupo de sérvios queria, mas com a experiência de anos de trabalho (e um pouco de inglês!), Jeremias resolveu a questão.

Na cozinha, Jeremias passa o pedido. Ele sabe que os cozinheiros, seus clientes internos, são rápidos e eficientes, mas teme pela falta de água em razão de um vazamento que ocorreu pela manhã. Tranquilizou-se ao saber que tudo já havia sido comunicado à gerência de manutenção e que os rapazes da hidráulica já haviam solucionado o problema.

Os cozinheiros são subordinados à chef de cozinha Caroline, uma profissional exigente, mas que gosta de trabalhar com sorriso no rosto e simpatia. Ela comanda tudo e tem o auxílio da nutricionista Daniela para pensar o cardápio.

Os sérvios pediram três lagostas gratinadas, mas só há uma na geladeira. Sempre dá-se um jeito! A chef Caroline conhece o pessoal do restaurante ao lado e conseguiu mais duas lagostas no vizinho. A rede, como se vê, transcende os limites do hotel.

Jeremias volta ao salão e vê que um dos sérvios entornou uma garrafa de vinho quase inteira sobre a mesa. Não seja por isso! Jeremias, seguindo o Procedimento Operacional Padrão do hotel, pega uma toalha nova e a substitui. O pessoal da gerência de governança é sempre nota 10 – a limpeza do restaurante, a lavagem das toalhas de mesa, dos guardanapos de pano e de todo o ambiente, é sempre impecável. Nada como uma ótima rede de clientes internos!

Jeremias volta à cozinha e tenta perguntar se os pratos da mesa sete estão prontos, mas o telefone da cozinha não para de tocar. São os pedidos vindos do serviço de quarto. Imagina se a rede telefônica não funciona? Ela é a responsável por unir tudo, tanto para a comunicação dos quartos dos hóspedes com os atendentes como para a comunicação interna de todos esses setores do hotel.

Ufa! Jeremias, enfim, pode servir a mesa sete.

Nessa pequena ida e vinda de Jeremias entre a mesa do cliente e a cozinha, esbarramos com diversas funções e cargos que juntos formam esse organismo que é o hotel. Se todos trabalham bem e conseguem se comunicar, tudo flui. Mas, se alguma coisa não anda ou a comunicação é falha, os serviços são prejudicados e todos perdem.

Como se vê, é mais do que importante saber trabalhar em equipe e se comunicar com clareza, agilidade e tranquilidade, agindo de forma sempre profissional com seus clientes internos. Ganham seus clientes externos. Ganha você. Ganham todos.

A rede de clientes internos

"Os clientes podem ser externos, ou seja, aqueles que usufruem o bem e/ou os serviços e pagam a conta, ou internos, que executam os serviços, tanto para clientes externos quanto para clientes internos."[2]

Em turismo e hotelaria, essa definição cresce em importância, já que o profissional tem relação direta com o cliente externo, que é o hóspede ou turista, bem como com o cliente interno, que é o seu colega de equipe ou outros funcionários e colaboradores da empresa.

Veja, no exemplo a seguir, a importância de desenvolver o conceito de cliente interno para que o grupo possa funcionar como uma verdadeira equipe.

★ ★ ★

---

2 Geraldo Castelli. *Administração hoteleira.* Caxias do Sul: Educs, 2003. p. 213.

POP para grupos

Um grupo de biólogos franceses vem ao Rio de Janeiro para um congresso e fica hospedado em um hotel de luxo. Não é fácil receber tanta gente ao mesmo tempo. Para que isso funcione a contento, é preciso seguir o POP e ter muito espírito de equipe, pois todas as áreas devem estar envolvidas.

A agência internacional solicita um bloqueio de 120 apartamentos twin, frente ao mar, no período de 10 a 22 de dezembro. A agência solicita early check-in, com chegada prevista para as 8 horas da manhã, e late check-out, com saída às 18 horas, pagando meia diária por apartamento na chegada e na saída. O hotel solicita da agência uma agenda detalhada para que possa se organizar. Todas as solicitações são registradas e acordadas, inclusive a forma de pagamento pelos serviços.

O setor de grupos deve elaborar um Instrutivo de Grupos para disponibilizar a todos os envolvidos no atendimento, de maneira formal, o que ficou acordado. Fica tudo registrado, inclusive a assinatura dos gestores responsáveis pelos setores envolvidos no processo. Nada pode sair do combinado, apenas é permitido surpreender positivamente com excelência no atendimento e algumas ofertas colocadas nos apartamentos como elemento surpresa.

Toda movimentação do grupo deverá constar no Instrutivo de Grupos, como forma de neutralizar qualquer falha na comunicação entre os setores e a gerência geral. No documento, devem constar todas as informações referentes ao grupo em questão, as solicitações feitas e as cortesias que serão oferecidas. O Instrutivo de Grupos traz também as informações que o setor comercial solicitou ao cliente.

Primeiro se cria um código para o grupo e um nome fantasia para facilitar a comunicação interna.

INSTRUTIVO DE GRUPO

Grupo Hibiscus

Código da reserva: 123456H

Hotel:	Lalala
Grupo:	Hibiscus
Agency/Company:	Botanic
COD:	123456H
Data in:	10 de dezembro
Hora in:	8 horas
Data out:	22 de dezembro
Hora out:	18 horas
Rooms:	120
PAX:	120
Pagamento pela empresa:	Diárias + jantar + evento
Pagamento pelos hóspedes:	Extras
Tarifa com café:	

Atenção todos os departamentos

País de origem do grupo: França.

O grupo é composto por 120 botânicos que estarão no Rio de Janeiro, onde participarão de uma convenção sobre orquídeas no Jardim Botânico.

Farão um city tour pela orla do Rio de Janeiro: do Leme até a praia do Recreio dos Bandeirantes. Conhecerão também o caminho Niemeyer, em Niterói; e ainda terão atividades fora do horário de trabalho, que detalhamos a seguir, para que todos se organizem.

Atenção Recepção

O grupo passará pelo lobby às 8 horas, seguindo direto para a piscina.

O check-in será na piscina, onde será servido um welcome coffee, com caipirinha incluída (a pedido do tour conductor — TC).

Todos os apartamentos serão single bed, de frente para o mar.

Efetuar o bloqueio dos apartamentos e solicitar à governança prioridade na limpeza.

Quando os apartamentos estiverem vagos e limpos (VLs), no sistema, avisar a guest relations.

Trata-se de um grupo muito especial, pois os participantes do congresso fazem parte de uma associação de estudiosos que pode enviar outros grupos durante o ano todo para o Rio de Janeiro.

Atentar para a observação de que há seis integrantes de uma mesma família que devem ficar no mesmo andar.

Providenciar Fichas Nacionais de Registro de Hóspede (FNRHs) preenchidas para serem assinadas.

Pagamento das diárias já efetuado pela empresa Botanic. Cada hóspede deverá pagar, na saída, apenas os extras, como frigobar, telefonemas e lavanderia. Já informado na reserva.

Solicitar cartão para pagamento dos extras, que será efetuado pelos próprios hóspedes na saída.

As despesas do Sr. Paul Maurice serão debitadas na conta da empresa WYW.

Caso aconteça algum no-show, cobrar por todo o período da reserva.

Deixar uma cópia deste instrutivo no log book da recepção, juntamente ao rooming list, após o check-in.

Solicitação especial feita pela agência: procurar acomodar todo o grupo no mesmo andar ou em andares próximos.

Atenção Concierge

Providenciar o hasteamento da bandeira da França antes das 7 horas da manhã.

O check-in será na piscina, com welcome coffee (com caipirinha).

Providenciar jornal Le Monde, um para cada apartamento, todos os dias, e deixar o The New York Times no apartamento do TC e do professor.

O TC solicitou dois ingressos para o show da dupla sertaneja Ioiô e Iaiá.

A taxa de mala deverá ser cobrada diretamente de cada hóspede.

Atenção Guest Relations

Deve permanecer na piscina durante o check-in, com welcome coffee.

Providenciar tratamento especial para o TC do grupo, sr. Paul, bem como para o prof. Pierre, dos apartamentos 601 e 602.

Foi concedido um upgrade para o TC, sr. Paul, e para o prof. Pierre: duas suítes, comunicantes.

Verificar a colocação das ofertas nos apartamentos.

Preparar bloquinhos e canetas personalizadas para os hóspedes e colocar nas Unidades Habitacionais (UHs) dos VIPs.

Realizar a inspeção nos apartamentos antes da chegada dos hóspedes.

Atenção Governança

Assegurar que a bandeira da França esteja pronta para uso.

Verificar se houve o bloqueio dos apartamentos com a recepção.

Colocação de amenities especiais (kit de higiene pessoal), um para cada hóspede.

Haverá entrega de brindes nos apartamentos. Favor prever taxa de um dólar por apartamento.

Foi concedido upgrade para o TC, sr. Paul, e para o prof. Pierre, sendo os dois apartamentos comunicantes, de frente para o mar.

Estão bloqueados os apartamentos 601 e 602, e deverá ter uma cesta de frutas média em cada e uma garrafa de cachaça do Brasil de cortesia.

Todos os dias o turn down service será após as 19 horas, quando os hóspedes estarão fora do hotel. Eles retornam às 23 horas.

No dia 13 de dezembro, o grupo jantará no hotel por volta das 19 horas. Prioridade no turn down para que na volta esteja tudo impecável.

Providenciar para que não falte o chocolate de boa noite.

No dia 22 de dezembro, dia do check-out do grupo, serão concedidos, em caráter de cortesia, dois apartamentos como hospitality room para o grupo até às 18 horas. Os frigobares deverão estar vazios, os telefones bloqueados, e deverá ter 20 toalhas de banho e vinte de rosto. É melhor para o controle: sempre que solicitarem mais uma toalha, deverão devolver uma toalha usada.

Providenciar guest comments para colocação no turn down service, na noite anterior à saída dos hóspedes, para que se possa medir a satisfação dos hóspedes com relação ao serviço prestado.

Atenção Alimentos e Bebidas / Room Service

O café da manhã do grupo será na piscina, todos os dias, a partir das 7 horas. Reservar espaço exclusivo para o grupo.

Providenciar a colocação das ofertas (cestas de frutas e cachaça nacional) nos apartamentos 601 e 602.

O grupo terá um jantar no restaurante Siena, no dia 13 de dezembro, às 20 horas. Favor verificar o cardápio, pois há pessoas vegetarianas no grupo.

No dia 19, será oferecido um coquetel de confraternização, pago pela agência, conforme documento entregue no setor. Atenção aos pedidos de drinks nacionais.

Todos os apartamentos deverão receber, no dia seguinte ao check-in, uma garrafa miniatura de cachaça nacional. Providenciar uma cópia do rooming list, após o check-in.

Atenção Eventos

No dia 20 de dezembro, haverá uma reunião de trabalho no salão Margarida.

Providenciar as bandeiras do Brasil e da França para o salão.

Coffee break às 10h30 e outro às 16h30.

O almoço será servido às 13 horas, no salão Cravo. Mesas redondas para 10 pessoas, cada. Prever garçons para o serviço à francesa.

Atenção Contabilidade

Tarifas não comissionáveis.

No dia da chegada do grupo, alguns procedimentos são essenciais para um atendimento eficaz:

O recepcionista deverá:

Estar no local do check-in uma hora antes da chegada do grupo, verificando se há lugar para acomodar todos. Conferir as fichas e certificar-se de que há canetas para todos.

Distribuir as fichas e as chaves, confirmando o check-in no sistema, para não haver discrepância.

Providenciar um rooming list atualizado para o room service e para a governança, devidamente assinado pela pessoa responsável pelo check-in.

A guest relations deverá:

Confirmar com a governança se todos os apartamentos estão limpos e liberados no sistema.

Verificar com o gerente de A&B se o welcome drink está montado e se há garçom suficiente para o serviço. Não esquecer da caipirinha.

Assegurar que haja placa de sinalização informando aos hóspedes o local onde serão recebidos.

Verificar com o TC os horários de saída do grupo, bem como o horário do café da manhã e se haverá wake up call.

★ ★ ★

Se você já trabalha no setor, quem são seus clientes internos? Crie a sua lista e pense no tipo de relacionamento que você estabelece hoje com essas pessoas.

Caso você ainda não tenha clientes internos, pense em três qualidades que você considera importantes que as pessoas desenvolvam em seus relacionamentos pessoais.

Para refletir:

- Em que aspectos, e como, posso melhorar meus relacionamentos?
- Como avalio minha atuação nas equipes das quais participo ou já participei?

Essas perguntas só você pode responder, e talvez suas respostas sejam um importante ponto de partida para grandes mudanças.

✦ ✦ ✦

Jogando contra

O dia a dia de uma gerente de hotel não é fácil. Veja só a história de Dália, gerente geral de um grande hotel, que teve de lidar com um famoso jogador de futebol alcoolizado. Imaginemos o que a crônica esportiva teria dito sobre o fato.

Correio do Esporte, 2016

Driblando a notícia, por Roberto Martírio Pádua

Noite do dia 31 de dezembro, véspera do Ano Novo, e o Bacana Palace Hotel se prepara para comemorar a festa com sua tradicional queima de fogos. Os torcedores cariocas não tiveram muito o que comemorar neste ano — ninguém foi bem no campeonato brasileiro. Mas Ano Novo é promessa de vida nova e o hotel está cheio de estrelas e celebridades. Uma dessas pessoas tão famosas não costuma se comportar muito bem quando bebe demais. A figura em questão é um jogador de futebol bem conhecido. Vou preservar seu nome a pedido de quem me contou a história.

Depois de algumas doses a mais do que o recomendado, o jogador saiu pelos corredores gritando, dizendo que queria jantar e que ninguém o servia. Os funcionários, acuados, tinham medo de se aproximar do hóspede transtornado. Vendo a situação, minha amiga e gerente, Dália, tomou a frente e pediu para conversar com o cidadão dentro de sua suíte. As reclamações do jogador não tinham fundamento: dizia que não havia comida no hotel e que ele e sua família precisavam comer. Para evitar um escândalo, a gerente pensou em uma saída: ligou para o gerente de manutenção e pediu que ele enviasse um elevador vazio para aquele andar. Assim feito, o jogador e a família embarcaram direto para o restaurante, onde, também a pedido de Dália, o chef, pessoalmente, anotou os pedidos.

Dália fez muito bem o seu trabalho: com uma marcação implacável, acalmou seu hóspede; sabendo jogar com seu time, acionou seus clientes internos mais indicados; driblando os outros hóspedes, levou o atleta direto para a boca do gol, para não correr riscos de mais gritos e outros inconvenientes.

Craque do dia, a gerente Dália resolveu o problema do seu hóspede, não deixou que ele incomodasse outros turistas que se preparavam para a festa da virada e ainda protegeu seus funcionários de agressões verbais. Tudo isso foi possível porque a gerente tinha total conhecimento de sua rede interna, um bom relacionamento e ótima comunicação com seus funcionários, o que se traduziu em uma eficiente e digna resolução do problema.

* * *

A rede da motivação

Motivação vem de motivo. Precisamos quase sempre de motivos para fazer as coisas na nossa vida.

Quando acordamos de manhã em um dia chuvoso, é preciso muita motivação para sair da cama, não é mesmo? Uma manhã de sol motiva muito mais. Mas nem todas as manhãs são de sol, e ainda assim temos que levantar e tocar a vida.

No trabalho é a mesma coisa. O simples fato de estar empregado já é motivador, mas existem vários níveis de motivação.

A maioria das empresas de turismo e hospedagem tem estratégias para motivar suas equipes. Cabe aos profissionais participarem desse esforço, cuja finalidade é atender melhor o cliente.

Além disso, todos nós temos planos e motivos pessoais para desempenhar bem nossas funções.

Motivação é indispensável para alcançar bons resultados e se desenvolver no trabalho.

Duas cenas sobre motivação no trabalho

Cena 1

Wanderley tinha 18 anos quando começou a trabalhar como mensageiro em um pequeno hotel de sua cidade, no interior do Paraná.

Naquele início de carreira, o menino Wanderley estava feliz e motivado. Recebeu seu primeiro salário, dentro dos padrões para a sua função. Todo dia chegava animadíssimo para trabalhar e ajudar os hóspedes com as malas, fazer entregas e até fazer outros serviços quando era solicitado.

Os anos foram passando e Wanderley não viu muitas possibilidades de avanço na carreira. Tanto tempo realizando as mesmas funções deixou o rapaz desmotivado.

O hotel não lhe ofereceu qualquer alternativa, e, hoje, alguns anos mais velho, ele só faz o mínimo necessário. Ruim para o hotel, para os clientes e para o próprio Wanderley.

Se Wanderley fosse mais valorizado e incentivado, poderia, por exemplo, passar de mensageiro a recepcionista ou outra função adequada a seu perfil. Seguiria em frente desenvolvendo uma carreira no hotel.

Poder crescer em uma empresa é algo muito motivador.

Cena 2

Iara começou como camareira de um hotel em Aracaju. O trabalho era pesado, mas ela estava sempre disposta.

Muitas vezes Iara teve problemas para se comunicar com os hóspedes estrangeiros. Percebeu que, se falasse um pouco de inglês, poderia conversar com aquelas pessoas que vinham de tão longe para conhecer sua cidade.

Entrou em um curso e em menos de dois anos já estava papeando com norte-americanos, australianos e nigerianos que passavam pelo hotel.

Conhecedora da cidade e suas atrações, tinha sempre uma boa sugestão de lazer – e em inglês. Os hóspedes ficavam encantados com isso, e muitos voltavam ao hotel contando com as dicas da Iara.

A gerência do hotel percebeu que Iara poderia ser mais bem aproveitada e a promoveu ao setor de concierge: mais responsabilidade, melhor remuneração e realização profissional.

Um investimento pessoal, aprender uma língua estrangeira, gerou mais frutos do que Iara poderia imaginar, e a empresa soube valorizar e motivar uma funcionária que se mostrou pronta para avançar na carreira.

A pirâmide de Maslow

Para entender melhor a motivação de cada pessoa, é necessário compreender que cada indivíduo possui necessidades próprias, que influenciam em seus comportamentos e opiniões.

Abraham Maslow, psicólogo norte-americano e grande pesquisador de comportamento, concebeu uma escala de necessidades, em forma de pirâmide. Vamos dar uma olhada nela:

Necessidade de autorrealização: no topo, a motivação "sentir-se realizado" leva as pessoas a buscar desenvolver seus potenciais ao longo da vida.

Necessidade de autoestima: envolve a autoconfiança, a necessidade de aprovação social e de reconhecimento.

Necessidades sociais: subindo na pirâmide, a motivação é relacionada à vida social. É a necessidade de ser aceito pelos outros. Importante para o trabalho em equipe e a melhora das relações humanas.

Necessidade de segurança: com as necessidades fisiológicas atendidas, a motivação passa a ser a segurança. A pessoa passa a se preocupar em se proteger de algum potencial perigo, seja real, seja imaginário.

Necessidades fisiológicas: necessidades básicas do ser humano, como alimentação, sono, repouso, abrigo. É a base da pirâmide.

Entrevista com Roland Villard

Roland Villard é chef de cozinha no Sofitel Rio de Janeiro. Há 26 anos atua no segmento de hotelaria. Trabalhou na França e na África e agora atua no Brasil.

QUAL A SUA EXPERIÊNCIA EM HOTELARIA?

Trabalhei com hotelaria na França, na África e estou no Brasil há 19 anos. Hotelaria é uma área que eu gosto muito por poder encontrar muitas pessoas. Eu posso me relacionar com profissionais de outras áreas e aprender muitas coisas distintas.

SAIBA MAIS COM QUEM FAZ

Qual o papel do chef em uma cozinha de hotel?
O trabalho do chef, além de pensar nos pratos, é gerenciar o funcionamento dos restaurantes do hotel. Saber se falta algum funcionário, algum ingrediente, saber como lidar com essas situações. Além de saber cozinhar e estudar gastronomia, o chef de cozinha de um hotel deve estar apto a lidar com problemas humanos, problemas de falta de produtos, tudo para que o cliente não sinta falta de nada. É preciso conversar com os clientes, reconhecê-los quando voltam ao restaurante, verificar se tudo está dentro dos padrões preestabelecidos. Na cozinha, é preciso ser flexível para resolver qualquer eventualidade. Então, não basta ter técnica, é preciso experiência.

Como funciona a cozinha de um hotel de grande porte e como se forma um profissional para essa área?
Os profissionais vêm das escolas de gastronomia, mas dentro da cozinha o profissional está sempre em formação. É no dia a dia que se aprende. A cozinha de um hotel tem vários setores, como o garde manger, o setor de guarnições. Não é apenas fazer arroz e feijão, mas conhecer 300 receitas diferentes de batatas, por exemplo. O próprio chef está sempre aprendendo e se atualizando. Existe o setor de molhos, que é fundamental, principalmente na gastronomia francesa. Nesse setor, o paladar do chef é muito importante. Outra parte é a cocção, saber cozinhar os alimentos. Forno, fogão, cozinhar a vácuo, cozinhar a baixa temperatura. É um funcionamento complexo. A formação vem com a experiência, com a repetição.

Como atender um público tão diversificado vindo de culturas tão diferentes?
Existem sempre muitas restrições alimentares, tanto por conta da religião, da cultura ou por questões de saúde. Antigamente não havia tanta preocupação com isso. Hoje temos uma ficha que o cliente pode preencher com suas restrições, para que nós, da cozinha, possamos nos adaptar às exigências dele.

Qual a diferença entre a gastronomia praticada dentro de um hotel e a praticada em um restaurante?
Em um restaurante, os clientes chegam para almoçar ou jantar, ficam uma ou duas horas e vão embora. Na hotelaria, você não serve apenas

almoço e jantar. Você prepara o café da manhã, o coffee break, os lanches para o serviço de quarto. No hotel, você está em contato com o cliente o tempo inteiro e tem que atendê-lo a qualquer momento. É uma função muito mais complexa.

* * *

Está na hora de fechar a conta aqui no portal dos relacionamentos no ambiente de trabalho.

Esperamos que você tenha gostado da estadia nestas páginas.

Relacionamentos no trabalho é um tema que não tem fim, mas procuramos recortar o essencial: o trabalho em equipe, como administrar e evitar conflitos, o conceito de cliente interno e a importância da motivação para as boas relações e para os bons resultados.

É hora de seguir viagem. Não se esqueça de colocar na sua bagagem os principais assuntos tratados aqui e tudo o mais que você pensou, lembrou, elaborou, conversou e pesquisou.

Para não sair de mãos abanando, preparamos um presente para você. São dicas de livros e filmes e outros materiais para você saber mais sobre os temas tratados aqui.

* * *

Filmes

Título: *12 homens e uma sentença*. **Diretor:** Sidney Lumet. **Elenco:** Henry Fonda, Lee J. Cobb, Martin Balsam. **Ano:** 1957.

Sinopse: Um júri popular formado por 12 homens decidirá sobre um caso de assassinato. A decisão deve ser unânime. O caso parece resolvido até um dos jurados começar a discordar de todos e a tentar convencê-los de que o réu é inocente e não deve ter a pena de morte decretada.

Título: *A fuga das galinhas*. **Diretores:** Peter Lord e Nick Park. **Elenco:** Mel Gibson, Julia Sawalha, Phil Daniels. **Ano:** 2000.

Sinopse: Uma divertida animação na qual as galinhas da senhora Tweedy elaboram um complexo plano de fuga antes que sua malvada dona acabe com todo o galinheiro.

Título: *Coach Carter: treino para a vida*. **Diretor:** Thomas Carter. **Elenco:** Samuel L. Jackson. **Ano:** 2005.

Sinopse: Baseado na história real de Ken Carter, que aceita ser o técnico de basquete de sua antiga escola, que fica em uma área pobre da cidade. O novo treinador impõe um rígido regime, obriga os alunos a assinarem um contrato se comprometendo a ter um comportamento respeitoso. As normas impostas contrariam os alunos, as mães dos alunos, os professores e a comunidade. Ao relacionar o fraco desempenho do time com o fraco desempenho dos alunos em sala de aula, Carter toma uma atitude que surpreende a todos.

Título: *A grande virada*. **Diretor:** John Wells. **Elenco:** Ben Affleck. **Ano:** 2010.

Sinopse: Bobby Walker não pode reclamar de sua vida: tem uma ótima família, um bom emprego e um carrão na garagem. Mas ele não esperava que fosse demitido com a política de redução de pessoal de sua empresa. A mudança faz com que ele tenha de redefinir sua vida, lutar para retornar ao mercado de trabalho, manter a autoestima e traçar um novo plano de carreira.

Livros

Título: *Comunicação não-violenta: técnicas para aprimorar relacionamentos pessoais e profissionais.* **Autor:** Marshall B. Rosenberg. **Ano:** 2006.

Resumo: O livro do criador da "comunicação não violenta" contém todas as técnicas e suas experiências na resolução de conflitos.

Título: *Invasão de campo: Adidas, Puma e os bastidores do esporte moderno.* **Autora:** Barbara Smit. **Ano:** 2010.

Resumo: A história por trás da briga de dois irmãos e a vida corporativa das duas maiores empresas de material esportivo do mundo.

Título: *Sonhos de Bunker Hill.* **Autor:** John Fante. **Ano:** 1989.

Resumo: Em uma Los Angeles frenética, que vive a explosão de Hollywood, na década de 1930, Arturo Bandini, um aspirante a escritor, ganha a vida como auxiliar de garçom. Com 21 anos, dinheiro nenhum no bolso e uma ingenuidade típica do interior norte-americano, tenta se embrenhar entre roteiristas, atores, produtores e agentes do mundo cinematográfico em busca de um lugar ao sol. O acaso o golpeia: ora o coloca frente a frente a personagens absurdos, ora destrói os sonhos do anti-herói.

Site

NVC Academy. [s.d.]. Disponível em: <http://nvctraining.com/index.php>. Acesso em: 19 out. 2017.

PORTAL 5

O BOM AMBIENTE

CHECK-IN

Bem-vindo ao portal 5! Em sua estadia por estas páginas, vamos tratar de um conceito muito amplo: o ambiente. Começaremos pela casa até chegar ao planeta, nos concentrando, principalmente, no nosso local de trabalho.

Veremos também como o bom ambiente influi nas relações com clientes internos e externos, e qual o nosso papel nesse filme, em que os protagonistas somos todos nós.

Esperamos que as informações ampliem seus conhecimentos e contribuam na sua formação.

Temas tratados: **A casa: a base do bom ambiente | 5S: um sistema para valorizar o ambiente de trabalho | Sustentabilidade e responsabilidade ambiental | Segurança no trabalho e prevenção de acidentes.**

A supercasa

Sentir-se "em casa" é tudo o que o hóspede não quer. Isso pode soar estranho, mas a experiência da estadia em um meio de hospedagem tem que transcender a do lugar onde se mora.

Transcender, ir além. Sair da rotina.

Todo hóspede está predisposto a viver momentos inesquecíveis. Por isso buscamos encantá-lo, desafiá-lo a encontrar essa felicidade.

"Bem-vindo, volte sempre", e ele – o cliente – sempre voltará, se conseguirmos nosso intento.

Para alcançar esse estado de excelência, é indispensável que, para começar, nossa própria casa seja um ambiente encantador: limpo, seguro, gostoso, confortável, com tudo funcionando.

Nosso hóspede não tem que se preocupar com nada, tem só que desfrutar.

Manter a casa viva e confiável é por nossa conta. E isso exige planejamento, energia e inteligência.

Podemos dizer que a casa é tudo. Mais do que um local, a casa simboliza a própria pessoa, o corpo que habitamos, o planeta, o conhecimento. Temos que cuidar muito bem dela, assim como cuidamos de nós mesmos.

Em hotelaria, além de conforto e segurança, casa também significa: saúde; funcionalidade; eliminação de riscos; prevenção de acidentes e incidentes; agilidade na solução de imprevistos; atendimento a todo tipo de demanda; equipe produtiva, gentil, bem treinada e entrosada; identidade ética e estética com seu público-alvo (cliente externo); respeito e responsabilidade com o entorno – com as comunidades, com a cultura e a natureza onde nos inserimos e, principalmente, com as pessoas. Afinal, todos fazemos parte do que chamamos de "meio ambiente", a "supercasa".

★ ★ ★

Ambiente: uma palavra, muitos significados

- "Ele tem um bom ambiente no hotel."
- "Fui lá apenas sondar o ambiente."
- "O efeito estufa degrada o meio ambiente."
- "O aplicativo roda em mais de um ambiente."
- "O evento foi em ambiente aberto."
- "Um ambiente saudável, limpo."

"Ambiente" é uma palavra múltipla. Podemos usá-la nos mais diversos sentidos.

Em turismo, hotelaria e toda a grande rede de hospitalidade, "ambiente" também pode ter muitos sentidos, todos muito importantes.

Escolhemos começar falando de ambiente como "local de trabalho".

CRIAR E MANTER UM AMBIENTE ORGANIZADO, LIMPO E CONFORTÁVEL É BÁSICO PARA QUE O PROFISSIONAL POSSA RENDER MAIS E CONTRIBUIR PARA O ENCANTAMENTO DO HÓSPEDE.

O sistema 5S — valorizar e conservar o local de trabalho

Uma política de educação e reeducação que gera sempre ótimos resultados nasceu no Oriente e é conhecida como sistema 5S.

O 5S propõe práticas que vão contra antigos padrões de comportamento e propõe novos hábitos e mecanismos para favorecer o espaço de trabalho, dinamizar os serviços e melhorar o atendimento.

Como surgiu e o que é o sistema 5S

Com o fim da Segunda Guerra Mundial, na qual foi derrotado, o Japão precisava se reconstruir rapidamente. O país estava destruído, fisicamente, economicamente em ruínas, mas a cultura milenar de seu povo mantinha-se muito viva em cada cidadão.

Foi com base na vivência dos antigos monges budistas que se desenvolveu a política dos 5Ss, um conjunto de atitudes capaz de mudar velhos hábitos e estimular novos padrões de qualidade.

A estratégia de reconstrução exigiu um grande comprometimento de todos e o resgate de antigos valores.

O esforço foi amplamente recompensado. O Japão se reinventou e em poucas décadas se reconstruiu. Muitas empresas japonesas tornaram-se referência em diversas áreas, como a indústria automobilística e de produtos eletrônicos.

A política dos 5Ss pode ajudar muito na construção da nossa "supercasa".

A história dos sensos
Os sentidos da mudança

Senso de utilização: Seiri.
Ao chegar aqui, dispense tudo o que você não precisa.

Senso de ordenação: Seiton.
Depois, você vai precisar aprender a se organizar e a criar novos hábitos. Vai ter que compartilhar suas coisas com os outros, sempre com base no respeito.

Senso de limpeza: Seiso.
O local onde você circula merece estar sempre limpo. Pense nisso: gente limpa é gente que não suja.

Senso de saúde: Seiketsu.
A saúde é tudo. Começa pelos bons pensamentos e pelas atitudes proativas e produtivas. A saúde é um grande bem coletivo. Um doente que se cura ajuda a curar muitos. Assim, ajudamos também na saúde do planeta, dos lugares e das relações.

Senso de autodisciplina: Shitsuke.
Se conseguir todas essas conquistas, vai precisar mantê-las. Para mantê-las e aperfeiçoá-las, vai precisar ter o comando da vida em suas mãos.

Siga esses 5 sensos e você será mais que um monge, será um ser humano digno de admiração.

O programa 5S [...] poderá auxiliar na solução de problemas simples que se acumulam e acabam prejudicando o trabalho e causando sérios transtornos para o hotel e para todos que nele trabalham.[1]

---

1 Índio Cândido e Elenara Viera de Viera. *Gestão de hotéis: técnicas, operações e serviços*. Caxias do Sul: Educs, 2003. p. 520.

O senso de utilização

Descartar ou acumular?

Coisa demais atrapalha, não é mesmo? Mas não é tão fácil nos desapegarmos de alguns objetos ou, simplesmente, termos a iniciativa de descartá-los. O senso de utilização nos propõe criar mecanismos para que isso possa acontecer.

> Nós aqui na pousada vivíamos acumulando todo tipo de objeto, de jornais velhos a pertences esquecidos por clientes. Acabava que não nos dávamos conta do quanto aquelas coisas sem uso nos atrapalhavam. Um dia, por acaso, fizemos umas fotos para pôr no site e reparamos que a pousada estava entupida de objetos sem uso. Saímos descartando tudo que não tinha mais uso e reorganizando o espaço. Agora, toda primeira quarta-feira do mês ficou sendo o dia do descarte. Tem coisa que vai direto para o lixo, outras são reencaminhadas, umas reutilizadas ou recicladas. Mantendo o layout do local organizado, o serviço passou a render muito mais.

Maria Cecilia, gerente de pousada

O senso de ordenação

Reorganizar os materiais priorizando os mais usados e facilitando o acesso a eles. Dar uma ordem inteligente de ocupação do espaço. Usar a inteligência é sempre um grande diferencial.

Vantagens da ordenação:

- Os profissionais de cada setor vão saber onde encontrar tudo que precisam para executar suas tarefas com qualidade.

- Mais espaço para locomoção e diminuição de risco de acidentes.
- Menos contratempos e mais agilidade nos processos.

Veja o que aconteceu no caso a seguir.

Ao fazer o check-in de um cliente recém-chegado, Alceu, o funcionário do hotel encarregado dessa tarefa, percebeu que não havia mais Ficha Nacional de Registro de Hóspede (FNRH) na recepção.

Ele, então, localiza o material no computador, rapidamente preenche os dados, imprime e conclui o check-in com o hóspede.

Proativo e pensando na equipe, Alceu ordenou os arquivos referentes ao check-in, deixou registrado o seu procedimento e imprimiu algumas fichas em branco, no caso de uma eventual falta de energia.

Com tudo organizado, caso algum hóspede retorne ao hotel, o funcionário do setor de reservas terá mais facilidade de localizar a ficha no sistema, agilizando o atendimento.

Uma boa ordenação faz ganhar tempo, assim como a percepção das conexões entre as diversas fases do trabalho facilita todo o processo. São ajustes finos que contribuem para que o serviço possa fluir com agilidade e tranquilidade.

O senso de limpeza

Um bom ambiente de trabalho precisa ser, antes de tudo, limpo, sem lixo, sem pragas e insetos.

Um ambiente limpo e ordenado passa por todos os detalhes: desde o quadro de avisos até a arrumação dos vestiários. Isso gera uma harmonização no ambiente.

TODO MUNDO SABE O QUE É LIMPEZA, É CLARO. MAS SERÁ QUE AS PESSOAS ASSOCIAM LIMPEZA A RESPEITO? FIQUE ATENTO. ESSES DOIS CONCEITOS CAMINHAM JUNTOS.

Quando dizemos que temos uma relação limpa com alguém, estamos afirmando que temos uma relação de respeito com essa pessoa.

Nesse sentido, limpeza é também trabalhar pela harmonia entre as pessoas da equipe.

Cabe ao profissional contribuir com a limpeza, respeitando o ambiente onde passa boa parte do seu dia. É importante estar atento em não produzir "sujeira", sujeira aqui em um sentido figurado.

Tudo que seja invasivo, polua o ambiente ou nos coloque em situação de risco ou desconforto pode ser considerado "sujeira".

Por exemplo:

- má iluminação;
- sons com excesso de volume;
- cheiros fortes;
- objetos e equipamentos em uso com defeito, provocando riscos e desconforto.

Limpeza é respeito, respeito ao ambiente. Respeito a nós mesmos e aos outros.

O senso de saúde

O senso de saúde engloba tudo o que temos falado, não somente aqui na política dos 5Ss, mas ao longo de toda nossa viagem pelos portais do atendimento com hospitalidade. Saúde é a base. Saúde das condições de trabalho, saúde do espaço físico, saúde dos processos produtivos, saúde física, mental e emocional de toda a equipe, saúde dos relacionamentos.

Como resultado, vamos avançar bastante em busca do bom ambiente, e isso é um grande passo para o atendimento de excelência aos nossos clientes.

Nesse processo educativo, ou reeducativo, promovido pelo 5S, não podemos esquecer que todos devem se sentir responsáveis pelas mudanças, para que os novos processos sejam definitivamente incorporados.

Um ambiente de trabalho cada vez mais prazeroso permite mais alegria na realização das tarefas diárias. E todos ganham.

O senso de autodisciplina

Nesse processo de reeducação, a autodisciplina é a última e definitiva etapa.

Autodisciplina nada mais é que termos controle sobre nossa vida.

É com a autodisciplina de cada profissional que toda a equipe vai poder se mover harmonicamente em direção aos seus objetivos. É esse quinto "S" que reúne os outros quatro.

O sistema 5S é um grande processo educativo, em que cada um aprende a desenvolver atitudes positivas e proativas no trabalho, sempre focado na qualidade de suas ações, no bom relacionamento com os demais clientes internos e na conquista de um atendimento de excelência ao hóspede ou turista ou cliente externo.

* * *

Todos temos uma imagem de nós mesmos. Achamos que temos qualidades das quais nos orgulhamos e outras das quais não nos orgulhamos tanto.

Pensando na política dos 5Ss, que qualidades pessoais você conservaria e quais você aprimoraria?

* * *

Apresentação pessoal: parte do bom ambiente

Voltamos ao ponto de partida – o bom ambiente. Importante para quem o cria, importante para quem chega, importante para todos.

Logo no primeiro contato, o cliente repara a apresentação pessoal e o ambiente: a limpeza, a higiene, os móveis, os utensílios, os uniformes dos funcionários.

Deve-se atentar para que as unhas estejam discretas, cabelos penteados ou curtos, perfume igualmente discreto, assim como acessórios pessoais como anéis, relógio e brincos. Afinal, quem deve ser notado é o hóspede.

Atrelado ao uniforme está a postura, pois nada adianta um uniforme impecável se o funcionário não tem uma postura elegante. A imagem pessoal aliada aos seus conhecimentos técnicos e sua conduta farão deste encontro um momento de alegria e encantamento.

A primeira impressão é a que fica.

O encantamento começa com o que se viu (comunicação não verbal) e continua com o que se ouve. A voz deve ter um tom claro e audível, no idioma do hóspede, sem agressividade, evitando usar termos técnicos, pois o hóspede não tem obrigação de conhecê-los.

Ter uma conduta formal mantendo a cordialidade: é isso que o mercado pede. Fique de olho.

★ ★ ★

Rede de segurança no trabalho

Para que o seu trabalho seja eficiente e prazeroso, é muito importante que ele seja seguro. Isso é fundamental para você e para seu cliente. Afinal, para deixar um hóspede seguro de que ele terá a melhor estadia possível, você deve estar seguro de que o seu ambiente de trabalho está dentro de todos os padrões de segurança.

O profissional de hotelaria, como de qualquer outra área, deve cultivar e manter a boa saúde física para desempenhar suas funções com qualidade. Por isso, as empresas investem em práticas que contribuam na prevenção de acidentes e na redução de possíveis riscos à saúde de seus funcionários, nas diversas áreas. Devem ser seguidos critérios determinados pelos Órgãos Reguladores, que também fiscalizam a adoção e o funcionamento desses mecanismos e práticas.

Programas de segurança no trabalho são obrigatórios em qualquer empreendimento comercial. Vamos mapear alguns desses programas e procedimentos, mostrando o que deve ser oferecido pelo meio de hospedagem, mas também atentando para como você pode colaborar para criar um ambiente mais seguro. Afinal, a sua segurança e a de seus hóspedes também dependem de você.

Programa de Controle Médico e Saúde Ocupacional (PCMSO)

É um programa que visa examinar o funcionário antes da admissão. Um médico é capaz de analisar certas deficiências quase imperceptíveis para nós, leigos, mas que podem dificultar a execução de uma ou mais tarefas. Se for identificado algum problema de saúde que impeça o funcionário de exercer alguma atividade, é papel do RH deslocá-lo para outra área.

Programa de Prevenção de Riscos Ambientais (PPRA)

Esse programa é obrigatório em todo empreendimento comercial. A vistoria é feita por um engenheiro e um médico para mapear todas as áreas de risco em que algum acidente pode ocorrer por uso de equipamentos, produtos químicos ou por condições do ambiente, como alta ou baixa temperatura. É criado então um mapa de riscos que deve ser de conhecimento de todos os funcionários. Esse mapa inclui uma planta baixa do meio de hospedagem com círculos coloridos que indicam as áreas de risco. Nessas áreas, o funcionário é instruído a utilizar o Equipamento de Proteção Individual (EPI) ou o Equipamento de Proteção Coletiva (EPC) adequados.

MAPA DE RISCOS AMBIENTAIS

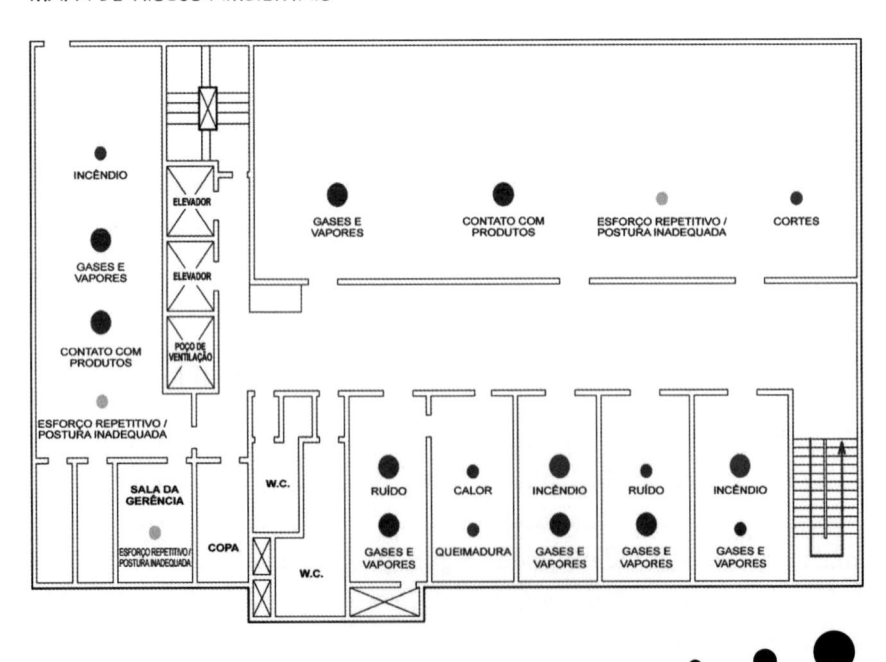

Graduação: Pequeno Médio Grande

O mapa de riscos costuma ser uma representação gráfica, um cartaz reproduzindo todos os setores do meio de hospedagem e seu potencial de riscos.

Esse cartaz deve ficar afixado em cada setor, disponível para visualização de todos os funcionários.

O cartaz ajuda na divulgação das informações e ainda motiva e encoraja a participação dos funcionários nas etapas de prevenção de acidentes em suas respectivas áreas de trabalho.

Equipamento de Proteção Individual (EPI)

A utilização de Equipamento de Proteção Individual (EPI) é um dos procedimentos obrigatórios para profissionais que atuam em algumas áreas da hotelaria, tais como cozinha, governança, manutenção, entre outras.

EPIs obrigatórios:

EPI	Quem usa	Com que objetivo
Luva de malha de aço	Açougueiros.	Para proteção das mãos no momento do corte das porções.
Luva de borracha	Camareiras: Na limpeza dos banheiros e na troca do enxoval de cama.	Proteger dos efeitos de produtos químicos na limpeza.
	Faxineiros: Na execução de todas as suas atividades.	Evitar contato direto com agentes de doenças contagiosas existentes em banheiros, toalhas, lençóis e roupas sujas em geral.
Avental	Camareira, faxineiros, cozinheiros e todos os funcionários que lidam com produtos de limpeza e higienização.	Proteger dos efeitos de produtos químicos.

(cont.)

EPI	Quem usa	Com que objetivo
Bota	Faxineiros, lavadores, funcionários que permanecem em áreas onde o piso possa estar molhado e/ou escorregadio.	Prevenir traumas por quedas e escorregões.
Touca ou chapéu	Cozinheiros e toda a equipe da cozinha.	Prevenir consequências de deixar cair cabelo na comida.
Protetor auricular	Funcionários da lavanderia, operador de caldeira e todos que trabalham em local com ruído além do nível considerado tolerável pela Agência Nacional de Vigilância Sanitária (Anvisa).	Prevenir perda de audição e outras alterações da saúde provocadas por som.
Máscara	Funcionários da limpeza que utilizam produtos corrosivos para limpezas pesadas.	Impedir a inalação dos gases tóxicos exalados por produtos químicos.

Comissão Interna de Prevenção de Acidentes (Cipa)

A Cipa é uma comissão constituída por funcionários do hotel, por meio de eleição ou indicação, para coordenar as normas de segurança da empresa.

A Cipa deve providenciar treinamentos e orientações, além de promover campanhas motivacionais para os colaboradores. Deve também sugerir e ajudar a implementar medidas preventivas de acordo com os dados apontados pelos colaboradores.

Em caso de acidente, a Cipa deve analisar a ocorrência e propor procedimentos a serem adotados para que não ocorram outros semelhantes, além de acompanhar os reparos imediatos.

Algumas atribuições da Cipa:

- Reforçar a importância da prevenção, do cumprimento do regulamento interno e da utilização dos Equipamentos de Proteção Individual (EPI).

- Instituir um período em que todos os funcionários possam colaborar com a comissão, motivando as equipes, dando sugestões e apontando eventuais perigos iminentes.

- Esclarecer sobre a classificação de acidentes de trabalho, para depois ter condições de identificar os usos necessários dos Equipamentos de Proteção Individual ou coletiva em algumas atividades.

- Monitorar e apontar o excesso de horas trabalhadas como fator de aumento do índice dos acidentes de trabalho, devendo considerar também a pressão que muitos profissionais sofrem para atingir metas.

Outros fatores de risco a serem observados pela Cipa:

- Elevação ou abaixamento manual de carga pesada, como na arrumação dos quartos e no transporte manual de peso na área da manutenção.

- Atuação em mais de um turno de trabalho, sem o descanso entre uma jornada e outra, trabalho repetitivo e estresse das rotinas hoteleiras.

- Avaliação do mapa de riscos ambientais do hotel e auxílio na sua elaboração.

Brigada de incêndio

O Ministério do Turismo considera obrigatória a presença de uma brigada de incêndio em hotéis de quaisquer categorias, de uma até cinco estrelas. Essa brigada é formada por um grupo de funcionários treinados para prevenir, combater pequenos focos de incêndio, bem como orientar outros funcionários do hotel e seus hóspedes a abandonarem o local de forma correta em caso de sinistro.

Nos hotéis de três a cinco estrelas é obrigatória a sinalização das rotas de fuga nas áreas sociais, nos bares e nos restaurantes. Deve haver ainda um mapa de localização atrás da porta do apartamento, sinalizando a planta do andar e indicando o caminho para a escada ou saída de emergência.

Todos esses procedimentos e exigências são fiscalizados e cobrados da empresa. O profissional deve estar consciente da importância da brigada de incêndio.

★ ★ ★

As águas de Santa Bárbara do Norte

O lugar

Santa Bárbara do Norte é um pequeno município localizado em uma região serrana. Essa região tem uma densa vegetação e água abundante. As terras de Santa Bárbara do Norte são cortadas por rios, cachoeiras e nascentes de água pura e cristalina.

Essas águas são conhecidas por suas propriedades de cura e relaxamento. A fama foi se expandido além das fronteiras da região. Com isso, os primeiros aventureiros com mochilas e barracas nas costas começaram a chegar.

O progresso

Percebendo que a cidade começava a se tornar um destino turístico, alguns moradores passaram a alugar seus quartos e separar terrenos para montar camping, até que um empresário montou a primeira pousada da cidade.

A chegada de um meio de hospedagem mais qualificado aumentou o número de turistas e atraiu mais investimentos. Outras pousadas e hotéis foram surgindo.

A cidade crescia e prosperava com a força das águas.

O problema

O primeiro sinal de que algo não ia bem foi o surto de uma doença que provocava enjoo e vômitos em muitos moradores e turistas.

O segundo sinal veio com o fim de uma das nascentes de um dos rios.

Poluição descontrolada, desmatamento ilegal, falta de consciência ambiental. A próspera cidade de Santa Bárbara do Norte estava acabando com a sua água, matando sua galinha dos ovos de ouro.

A solução

A ideia partiu de Irene, guia local que trabalhava para muitas pousadas levando os visitantes para conhecerem os pontos turísticos da região. Conectada com a natureza, Irene percebeu que manter as águas da cidade vivas e limpas era fundamental para continuar vivendo e trabalhando na sua terra natal.

Juntando-se aos funcionários das pousadas, Irene criou uma rede de pessoas que desejavam mudar aquela situação. Identificando o problema, a associação iniciou uma forte pressão sobre seus patrões para que tomassem providências e parassem o desmatamento ilegal e a poluição das águas.

Irene contatou os órgãos de proteção ambiental do governo e colocou em pauta a discussão.

Os patrões, muitos deles vindos de outras cidades e pouco conectados com o meio ambiente local, viram-se obrigados a mudar de atitude para não perderem o negócio.

A ideia de Irene era transformar Santa Bárbara do Norte em um modelo de cidade sustentável por meio do turismo, com pousadas que seguissem normas responsáveis pelo tratamento da água e do lixo e cumprissem à risca o Código Florestal do Governo Federal.

Final feliz

Hoje, Santa Bárbara do Norte é um centro de excelência em turismo sustentável. Suas águas estão preservadas. Os turistas procuram beber de suas fontes e também experimentar uma forma de vida mais harmônica com a natureza.

Irene e seus colegas continuam podendo trabalhar, viver e desfrutar das belezas e delícias desse lugar mágico.

★ ★ ★

A rede da responsabilidade ambiental

Todo empreendimento hoteleiro deve estar conectado a uma rede informal de responsabilidades. Não importa o tamanho: um grande resort ou uma pequena pousada atraem turistas e impactam o entorno.

É claro que, dependendo do tamanho do meio de hospedagem, os impactos têm proporções diferentes, mas todos devem estar atentos às responsabilidades sociais, ambientais e econômicas que envolvem um empreendimento hoteleiro.

A função que se desempenha no hotel também influencia a quantidade de responsabilidades que se tem em relação ao meio ambiente.

A consciência ambiental não advém das regras e normas a serem cumpridas, mas da consciência da necessidade de cuidar do mundo em que vivemos e de onde tiramos nosso sustento. A consciência ambiental nos permite seguir adiante, tendo uma vida produtiva e saudável.

Tomemos como exemplo a nossa vida cotidiana. Uma família que vive em um apartamento deve seguir certas normas definidas pelo condomínio, como separar e descartar o lixo, respeitar os horários de silêncio, entre outras.

É preciso definir certas regras para não deixar os custos subirem além do orçamento. Se algum morador da casa deixa sempre as luzes acesas, toma banhos intermináveis e não descarta corretamente o lixo, as contas vão subir e a família pode até ser multada.

Todos os moradores devem se responsabilizar por reduzir os gastos, porque, se o valor das contas subir, todos serão afetados com eventuais racionamentos ou cortes no orçamento.

O mesmo acontece com os meios de hospedagem. É o Estado quem define as leis e deve realizar a fiscalização e, se for necessário, autuar quem comete infrações, mas o hotel e seus funcionários devem se responsabilizar por isso.

Como vimos no caso da pequena cidade de Santa Bárbara do Norte, o fato de querer aproveitar ao máximo uma oportunidade não pode fazer perder de vista a conservação dos elementos que tornam a localidade um destino procurado.

Afinal, é esse entorno que impulsiona o negócio. Desconectar-se dessa rede de responsabilidades é destrutivo para o planeta, para a sua vizinhança e para o empreendimento. Mas qual é o papel dos funcionários nessa rede?

Os funcionários são peças fundamentais para que as normas e regras sejam seguidas. Além de seguir normas, é importante agir eticamente em relação à natureza e ao seu entorno. Tomemos como exemplo o descarte do lixo.

Você já deve ter ouvido falar em reciclagem. A reciclagem é o reaproveitamento de algo velho, que não nos serve mais, porém pode ser transformado em algo novo. Plásticos, vidros, metais, papel, tudo isso que jogamos fora todos os dias pode ser reprocessado para voltar a ser reutilizado.

Para que isso ocorra, todo hotel deve seguir um Procedimento Operacional Padrão (POP) para a coleta do lixo.

Cuidados com o lixo

Separação do lixo

Lixo orgânico: restos ou sobras de alimentos.

Lixo seco separado em recipientes ou coletores apropriados:

- coletor azul: papel/papelão;
- coletor vermelho: plástico;
- coletor verde: vidro;
- coletor amarelo: metal.

Lixo químico: produtos utilizados na lavanderia e na limpeza do hotel, principalmente nas áreas onde requer uma ação mais pesada, como vestiários dos funcionários, por exemplo, e banheiros.

Lixo tóxico: pilhas, baterias de celular, equipamentos eletrônicos de forma geral.

Para que a coleta seletiva funcione, é preciso que todos os funcionários conheçam e estejam atentos ao procedimento. Mais do que isso: é importante entender que essas normas não são apenas algo para trazer mais trabalho. É preciso internalizar que essas pequenas ações contribuem para a construção de um mundo melhor. Do ajudante de cozinha à camareira, do recepcionista à gerente, todos devem participar conscientemente desse tipo de ação.

Pequenas ações, grandes resultados

Existem muitos procedimentos que promovem economia para o hotel e ajudam o meio ambiente:

- Instalar sensores de movimento nas áreas de serviço dos andares.
- Usar lâmpadas de LED.
- Instalar células fotoelétricas para geração de energia.
- Usar redutores de volume de água nas descargas dos banheiros.
- Adotar sistema de captação de água da chuva.

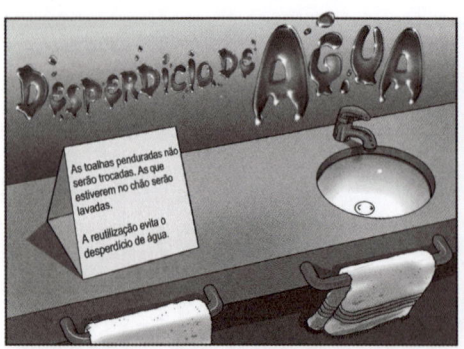

Mas e se os funcionários do hotel não estão verdadeiramente preocupados com isso?

As cenas da história em quadrinhos mostram descaso de funcionários com a política de economia de água do hotel. Mas o pior aqui não é o funcionário descumprir uma ordem do meio de hospedagem ou não seguir adequadamente o POP. O mais grave é a falta de consciência de que essas políticas de diminuição do desperdício são importantes para a manutenção do seu emprego e da vida no planeta.

Em qualquer meio de hospedagem há uma rede de responsabilidades que deve ser mantida.

Ela começa seguindo as leis ambientais e sociais, passa pelas empresas, que precisam se esforçar para se adequar a tais leis, e tem como último elo os funcionários, que devem prezar por seguir os procedimentos-padrão.

★ ★ ★

Entrevista com José Antônio de Barros

José Antônio de Barros é consultor para implantação de Recursos Humanos em empresas e professor universitário de disciplinas como administração de RH, treinamento, recrutamento e seleção. Foi gerente de Recursos Humanos dos hotéis Othon e Rio Palace Hotel, além de prestar consultoria para o grupo Accor e dar aulas de Recursos Humanos e folha de pagamento no Senac.

O que faz o setor de Recursos Humanos de um hotel?
O RH tem uma função importante. É o setor que cuida da admissão dos funcionários e do treinamento específico desses funcionários para cada área. Ao abrir um hotel, o setor de RH tem muito trabalho e muita responsabilidade por ser o setor que de fato colocará o hotel em funcionamento.

No dia a dia do hotel, como o RH pode influenciar no ambiente de trabalho?
É o RH quem deve se preocupar com o ambiente do trabalho em equipe. É preciso saber se há alguma área ou funcionários descontentes. Lidar com essas relações. Muitas vezes os funcionários de um hotel em início de carreira têm de lidar com um universo muito diferente do que vivem. É importante estar atento a essas diferenças socioeconômicas para poder orientar o funcionário a lidar com isso.

Quando há conflitos, como se deve proceder?
Fui gestor de conflito de uma grande rede hoteleira. Visitava os hotéis do Brasil e procurava os gerentes locais para saber se havia algum conflito e tentava contornar. Em uma dessas viagens, encontrei uma falha. Uma cliente veio do interior procurando atendimento hospitalar, não conseguiu se internar e acabou se hospedando no hotel. Ninguém sabia que ela estava com sarna, uma doença contagiosa. Por uma falha na lavagem das roupas de cama, essa doença se espalhou. O setor de RH acabou tendo de lidar com isso, distribuiu remédios e iniciou treinamento com os funcionários.

Qual a importância do trabalho em equipe para a manutenção de um bom ambiente de trabalho?

Em hotelaria, por ser um ambiente de intenso convívio diário e muito festivo, pois lidamos com muitos clientes que estão de férias, acaba-se criando um espírito de equipe muito forte. O bom trabalho em equipe divide bem as tarefas entre os funcionários e, ao mesmo tempo, deve contar com o senso de colaboração de cada um. Eu me lembro de trabalhar em um dia de alta demanda (lay over). Apenas um recepcionista e um mensageiro recebiam todos os hóspedes. Não tive dúvida e passei a ajudar a colocar as malas no elevador. O hoteleiro deve ter esse espírito colaborativo.

* * *

Está na hora de fechar a conta total e arrumar as malas. Esperamos que você tenha gostado da estadia.

Segurança no trabalho e cuidados com o meio ambiente fecham a nossa viagem. Não por serem menos importantes, mas justamente por serem fundamentais para o profissional, o cliente e a vida ao redor de um hotel.

É hora de colocar na bagagem tudo o que você aprendeu neste livro e partir para a vida. Nunca paramos de aprender e de nos formar. A vida prática e o mercado de trabalho colocarão você diante de situações não imaginadas, mas é vivendo e trabalhando que você vai aprender.

Este livro poderá ser sempre um material de consulta para tirar dúvidas e ajudá-lo a resolver situações complicadas. Por isso, sinta-se sempre bem-vindo e volte sempre!

* * *

Filmes

Título: *Ilha das flores.* **Diretor:** Jorge Furtado. **Ano:** 1989.

Sinopse: O curta-metragem mostra, de forma ácida, um retrato da sociedade de consumo através do dia a dia de um aterro sanitário.

Título: *Saneamento básico.* **Diretor:** Jorge Furtado. **Elenco:** Fernanda Torres, Paulo José, Wagner Moura, Camila Pitanga. **Ano:** 2007.

Sinopse: Divertida e crítica comédia sobre uma pequena cidade que precisa de uma obra de saneamento básico. A prefeitura dispõe de R$ 10.000,00 para fazer um filme, e, se o dinheiro não for usado, terá de ser devolvido. Os moradores organizam-se para usar o dinheiro para fazer a obra, ao mesmo tempo que realizam um filme dentro da obra.

Título: *O inimigo do povo.* **Diretor:** George Schaefer. **Elenco:** Steeve McQueen. **Ano:** 2007.

Sinopse: Baseado no clássico do teatro de Henrik Ibsen, o filme conta a história de um cientista do final do século XIX que descobre que as águas da cidade estão contaminadas. Ao divulgar sua triste descoberta, ele passa a encarar a insatisfação das figuras mais influentes do local.

ANEXOS

I. Vocabulário técnico

Há uma tendência mundial em hotelaria e turismo de universalizar os termos utilizados no trabalho diário, principalmente, a partir de expressões em língua inglesa. Dessa forma, funcionários e colaboradores do trade têm acesso a uma comunicação mais ágil e objetiva. Com esse recurso, a facilidade de comunicação se estende aos hóspedes, que, mesmo em viagem para destinos mais distantes, podem fazer uso de um mesmo vocabulário padrão.

Observemos os termos comumente empregados:

All inclusive – Quando todas as refeições (alimentos e bebidas), as diárias e alguns extras estão inclusos, normalmente em resorts.

Amenities – Itens oferecidos como cortesia aos hóspedes. Normalmente, itens de higiene e cuidado pessoal de uso diário, tais como hidratante, condicionador, espuma de banho, entre outros.

American breakfast – Café da manhã servido em buffet.

Breakfast – Café da manhã.

Chambermaid – Camareira de hotel.

CHD – Abreviatura de criança em inglês (*child*) – 3 a 12 anos. Alguns hotéis cobram uma diária diferenciada para essa faixa etária.

Check-in – Momento em que o hóspede entra no hotel e se registra, preenchendo e assinando a Ficha Nacional de Registro de Hóspede (FNRH).

Check-out – Momento em que o hóspede encerra e acerta a conta com o hotel, pagando todas as despesas efetuadas.

City tour – Passeio previamente organizado para conhecer os atrativos turísticos e culturais de uma localidade.

CLD ou XLD – Cancelado.

Coffee break – Café oferecido no intervalo de reuniões e eventos. Pode ser composto ou não de sucos, *petits fours*, bolos, entre outros, mediante a negociação acertada com a equipe do hotel.

Conference call – Conversa entre três ou mais pessoas em uma mesma ligação telefônica (normalmente, uma reunião).

Crew – Tripulação (funcionários de companhia aérea). Usualmente, tem atendimento personalizado, conforme acordo entre a companhia aérea e o hotel.

Day use – Utilização do apartamento do hotel por um período diurno, sem pernoite.

Do not disturb ou NP – Significa não perturbe. Constitui-se de uma placa pendurada na porta do hóspede, pelo lado de fora, para solicitar que ele não seja incomodado.

Double lock – Quando a porta está fechada duplamente, ou seja, com duas voltas, e somente a chave mestra do hotel pode abri-la.

Early check-in – Permissão para que o hóspede possa entrar no apartamento antes do horário estipulado. Pode, de acordo com as práticas do hotel, haver ou não uma cobrança de 50% da taxa. Por exemplo: o horário do check-in é às 12 horas e o hóspede vai chegar ao hotel às 8 horas, solicitando fazer uso do apartamento.

European plan – Diária sem café da manhã.

Extra bed – Cama extra.

F&B – Abreviatura de Food and Beverage, departamento de Alimentos e Bebidas (A&B).

Fam tours ou familiarization tours – Ocorre quando um grupo de funcionários vinculados à agência de viagens vai conhecer o hotel e a cidade. É habitual ter o incentivo das companhias aéreas e dos hotéis.

Farewell drink – Coquetel de despedida, com sucos, bebidas alcoólicas, canapés, refrigerantes ou água, oferecidos pelo hotel, como um agradecimento, um "volte sempre!".

FNRH – Ficha Nacional de Registro de Hóspede. É a ficha cadastral individual do hóspede que deve ser verificada e assinada no momento do check-in.

Folder – Folheto informativo sobre o hotel.

Front office – A tradução seria "escritório da frente". Na verdade, é a área reservada para o balcão da recepção onde se realizam atendimentos ao cliente, como o check-in.

General manager – Gerente geral.

Guest comments – Questionário de avaliação respondido pelos clientes sobre os serviços prestados pelo hotel, internamente conhecido como "dedo-duro".

Guest relations – Encarregados do atendimento personalizado prestado aos hóspedes VIPs. Auxiliam, também, no atendimento da recepção, principalmente quando surgem contratempos que exijam uma negociação mais específica.

Hospitality rooms – Um ou mais apartamentos concedidos a grupos para acomodação de hóspedes em situações específicas e sem cobrança de taxas. Por exemplo: um grupo de 180 pessoas ocupava 150 apartamentos. Eles deveriam deixar o hotel por volta das 18 horas, mas pretendem passear pela cidade e retornar pouco antes do check-out. Frente a essa situação, em caráter de cortesia, o hotel concede dois apartamentos para que esses clientes possam tomar banho ou descansar.

House use – Apartamento ocupado por funcionário que, por motivo de trabalho, precisou pernoitar no hotel.

Housekeeping – Setor de governança.

Job description – Descrição das funções de um cargo. Por exemplo: a job description do recepcionista.

Key card – Chave magnética em formato de cartão.

King size bed – Cama com comprimento especial de 2 m × 2 m.

Late check-out – Permissão para sair após o horário do check-out, com pagamento de 50% do valor da diária ou em caráter de cortesia, de acordo com cada situação específica.

Laundry – Lavanderia.

Lay over – Acomodação de passageiros que, por motivos técnicos ou condições meteorológicas, não puderam seguir viagem. As despesas são custeadas pela empresa área ou viária e podem incluir telefonemas, pernoites e refeições, de acordo com cada caso específico. Em caso de telefonemas internacionais, restringe-se o tempo a três minutos.

Lobby – Área social situada à entrada do hotel. Nesse local, encontram-se os funcionários responsáveis por receber os hóspedes. Em geral, mobiliada com sofás, cadeiras e um balcão de recepção (check-in e check-out).

Log book – Livro de ocorrências de um departamento ou setor, no qual são registrados os acontecimentos relevantes de cada turno de trabalho. Todos os funcionários do setor devem assinar para comprovar seu conhecimento de cada ocorrência registrada ou solicitação efetuada.

Lost and Found ou Achados e Perdidos – Setor do hotel no qual são guardados todos os objetos esquecidos pelos clientes e hóspedes quando encontrados pelos funcionários nas dependências do hotel.

Luggage – Bagagem.

No-show – Quando ocorre o não comparecimento do cliente na data para qual a reserva havia sido confirmada; desistência da reserva sem cancelamento prévio. Nesses casos, costuma haver a cobrança de, pelo menos, uma diária.

On the job – Treinamento no local de trabalho. Por exemplo: treinamento prático de garçons no restaurante do hotel.

Order taker ou anotador de pedidos – Funcionário que anota as solicitações recebidas via telefone e providencia sua execução. Elo de comunicação entre os hóspedes e as camareiras, ele atende as ligações e controla a mesa de pedidos (governança/room service).

Overbooking – Termo utilizado quando o hotel aluga mais quartos do que possui. Por exemplo: um hotel com 200 quartos faz reserva de 220 quartos.

Pré-registro – Quando o hotel está com o nível de ocupação muito intenso, o hóspede paga, com antecedência, uma reserva de hospedagem para ter sua vaga garantida.

Rate – Tarifa.

Reception desk – Balcão da recepção.

Room service – Serviço de alimentos e bebidas atendido no quarto; normalmente, atende 24 horas por dia.

Rooming list – Lista com a relação de hóspedes, com os números e a categoria dos apartamentos. Pode ser apresentada em ordem alfabética, pelo sobrenome do hóspede ou pelo número dos apartamentos.

Single (SGL) – Apartamento para uma pessoa.

Skipper – Hóspede que sai do hotel sem pagar a conta.

Tour conductor (TC) – Representante da agência organizadora que acompanha um grupo de hóspedes para um tour como responsável, mas sem poder, no entanto, atuar como guia turístico local.

Turn down service ou abertura de cama – Ocorre quando a camareira retira o cobre-leito, faz a dobra do lençol, colocando um bombom oferecido pelo hotel como cortesia, e fecha as cortinas e o black out do quarto. Além disso, faz alguma limpeza e, quando necessário, repõe toalhas e amenities, deixando apenas uma iluminação difusa no ambiente.

Twin (TWN) – Apartamento para uma ou duas pessoas (com duas camas de solteiro de 1 m × 2 m).

Upgrade – Normalmente, concedido pelo hotel quando o hóspede paga uma categoria de hospedagem e, de acordo com a disponibilidade de vagas, é oferecida uma categoria superior. Ocorre, por vezes, quando o hóspede traz visibilidade para o hotel, se for uma autoridade, um artista ou um político, por exemplo. Pode ocorrer, também, por falta de disponibilidade na categoria paga ou ainda por falha operacional. Sempre que isso acontecer, será oferecido um apartamento de categoria superior como forma de compensação ao cliente.

Upselling – O recepcionista oferece uma categoria superior à paga pelo hóspede anteriormente, sendo paga a diferença.

Valet – Funcionário da lavanderia que recolhe as roupas dos hóspedes nos apartamentos para lavar, passar ou costurar, vistoria as condições das roupas, providencia o serviço e as devolve aos apartamentos no horário combinado.

VIP – "Very important person", pessoa muito importante para o hotel, seja pelo cargo que ocupa, seja por interesses comerciais.

Wake up call – Serviço de despertador, disponibilizado pelo hotel, na hora determinada pelo hóspede.

Walk-in – Cliente que chega ao hotel sem reserva.

Welcome card – Cartão de identificação entregue pela recepção no ato do check-in.

Welcome coffee – Café de boas-vindas, servido como cortesia. Em geral, são servidos pães variados, frios, entre outros itens.

Welcome drink – Coquetel de boas-vindas, composto de um drink oferecido aos hóspedes, com os cumprimentos do gerente geral, sendo, na maioria das vezes, composto de bebidas típicas da região (batida ou caipirinha, por exemplo).

II. Alfabeto fonético internacional

Na prestação de serviços, a fluidez e a clareza na comunicação são de fundamental importância para a agilidade dos processos. Com esse intuito, o alfabeto fonético internacional, antes usado apenas pelo setor de aviação, é também utilizado para facilitar a comunicação entre os diversos setores que prestam serviços para o turismo, especificamente os hoteleiros.

Nas palavras de Braga, "[...] praticamente todos os serviços e produtos turísticos, de alguma maneira, usam esse mesmo modelo de comunicação".[1]

Esse modelo vincula as letras do alfabeto a certas palavras-chave, na seguinte combinação:

A – Alpha	J – Juliet	S – Sierra
B – Bravo	K – Kilo	T – Tango
C – Charlie	L – Lima	U – Uniform
D – Delta	M – Mike	V – Victor
E – Echo	N – November	W – Whiskey
F – Foxtrot	O – Oscar	X – X-ray
G – Golf	P – Papa	Y – Yankee
H – Hotel	Q – Quebec	Z – Zulu
I – India	R – Romeo	

Para exemplificar, vejamos sua utilização:

- "Sara" → sierra, alpha, romeo, alpha.

- "Domingos" → delta, oscar, mike, india, november, golf, oscar, sierra.

---

1 Debora Cordeiro Braga (Org.). *Agências de viagens e turismo*. Rio de Janeiro: Elsevier, 2008. p. 2.

BIBLIOGRAFIA

ANDRADE, Ana Maria Florio de. *Hospitalidade: acolhimento, atendimento e ambientação*. São Paulo: Editora Senac São Paulo, 2011.

BOEGER, Marcelo Assad. *Gestão em hotelaria hospitalar*. São Paulo: Atlas, 2003.

_____. *hotelaria hospitalar: gestão em hospitalidade e humanização*. São Paulo: Editora Senac São Paulo, 2009.

BRAGA, Debora Cordeiro (Org.). *Agências de viagens e turismo*. Rio de Janeiro: Elsevier, 2008.

BRASIL. Ministério do Turismo. *Cartilha de orientação básica: Sistema Brasileiro de Classificação de Meios de Hospedagem (SBCMH)*. Brasília: Ministério do Turismo/Fundação Universa, 2010.

BURNS, Peter M. *An introduction to tourism & anthropology*. London: Routledge, 1999.

CÂNDIDO, Índio & VIERA, Elenara Viera de. *Gestão de hotéis: técnicas, operações e serviços*. Caxias do Sul: Educs, 2003.

CASTELLI, Geraldo. *Administração hoteleira*. Caxias do Sul: Educs, 2003.

_____. *Gestão hoteleira*. São Paulo: Saraiva, 2006.

_____. *Hospitalidade: na perspectiva da gastronomia e da hotelaria*. São Paulo: Saraiva, 2005.

CHIAVENATO, Idalberto. *Gerenciando com as pessoas: transformando o executivo em um excelente gestor de pessoas*. 5. ed. Barueri: Manole, 2015.

_____. *Gestão de pessoas: o novo papel dos recursos humanos nas organizações.* 4. ed. São Paulo: Saraiva, 2014.

GUERRIER, Yvonne. *Comportamento organizacional em hotéis e restaurantes.* São Paulo: Futura, 2000.

ISMAIL, Ahmed. *Hospedagem: front office e governança.* São Paulo: Pioneira Thomson Learning, 2004.

MORAES, Ornélio Dias de; CÂNDIDO, Índio & VIERA, Eleanora Viera de. *Hotelaria hospitalar: um novo conceito no atendimento ao cliente da saúde.* Caxias do Sul: Educs, 2004.

PLOG, Stanley. "Why destination areas rise and fall in popularity". In: KELLY, Edward (Org.). *Domestic and international tourism.* Wellesley: ICTA, 1977.

TARABOULSI, Fodi Antoine. *Administração de hotelaria hospitalar: serviços aos clientes, humanização do atendimento, departamentalização, gerenciamento, saúde e turismo.* São Paulo: Atlas, 2003.

WALKER, John R. *Introdução à hospitalidade.* São Paulo: Manole, 2003.

Sites consultados

ASSOCIAÇÃO BRASILEIRA DA INDÚSTRIA DE HOTÉIS. [s.d.]. Disponível em: <http://www.abih.com.br>. Acesso em: 19 out. 2017.

COMISSÃO INTERNA DE PREVENÇÃO DE ACIDENTES (CIPA). [s.d.]. Disponível em: <http://trabalho.gov.br/images/Documentos/SST/NR/NR5.pdf>. Acesso em: 19 out. 2017.

HOTELARIA BRASIL. [s.d.]. Disponível em: <http://www.hotelariabrasil.com.br>. Acesso em: 15 out. 2017.